加藤辨三郎と仏教

科学と経営のバックボーン

児玉　識

法藏館

加藤辨三郎（内藤喜八郎氏提供）
80歳をすぎてなお旺盛な執筆活動を続けていた

まえがき

縁あって本書を手にとってくださった方がたに、最初にお願いしたいことがあります。それは、本書を読み始めたものの、内容的に稚拙、読むにたえないと感じられた方は、即座に本を閉じていただいて結構ですが、ただその前に、次の一文だけでも読んでいただきたいということです。これは、協和発酵工業（現協和発酵キリン）の創業者加藤辨三郎（一八九九〜一九八三、以下、加藤と略記）が、一九六六（昭和四十一）年にはじめて刊行した仏教書『いのち尊し』の「はしがき」に記した文章です。この中に加藤の気持が凝縮されており、加藤の人柄、加藤と仏教の関係もほぼおわかりいただけると思います。

わたくしは、化学者のはしくれであります。そして、サラリーマンであります。そういう経歴者にありがちなことでありますが、わたくしもまた、かつては、宗教ぎらいであり、ことに念仏に至っては、まったくなにもわかりませんでした。また、知ろうとも思いませんでした。そんなものは、化学の研究には、邪魔にこそなれ、なんのたしにもなるものではないと、ひとりできめこんでいました。サラリーマンの処世の上からいっても、そうだと片づけていたのであります。

ところが、それは、わたくしの大きな思いあがりでありました。それこそ、化学者の最もきらう独断にすぎなかったのです。化学がいかにりっぱな学問でありましょうとも、それをとり扱うわたくし自身は、コール・タールよりも汚い人間であることを思い知らされたのです。それをわたくしに教えてくれたのが、仏教であり、念仏でありました。今のわたくしは、このことを、たいへんありがたく思っています。

そうなりますと妙なもので、自分のよろこびを、どなたかに伝えたくなるものです。おこがましい限りとは知りながら、あえてつづってみたのがこの書であります。もし、どなたかが、この書によって、念仏のかたはしだけでも察してくださいますならば、わたくしにとりまして、望外の幸であります。

一読しておわかりいただけると思いますが、加藤は若い時分、一般の若者同様に仏教嫌いの人間でした。それが、四十代半ばころから急速に仏教に傾倒し、一方で発酵工業のパイオニアとして科学、経営の両面で華々しい活躍をしながら、同時に仏教伝道のためにも多大の尽力をしました。しかし、科学者、経営者としての加藤の名は広く知られているものの、仏教者としての功績はあまり知られてはいません。

このたび、私が本書の上梓を思い立った動機は、宗教音痴といわれている戦後日本の財界人の中にも加藤のような人物がいたことを世に紹介したいという、年来の強い思いからです。したがって、右の一文だけでも読んでいただければ、それだけで執筆の主目的は達成されたようなもので、私としては嬉しい限りです。

それにしても、科学的知識にも、財界情報にもまったく疎い私が、なぜそれほどに加藤にこだわるのか不思議に感じられる方も多いと思いますので、以下に少しばかりその理由を説明して序文にかえさせていただきます。

私がはじめて加藤の名を耳にしたのは、大学を卒業してまもないころ、教育学者の西元宗助先生の仏教講演を聴いたときでした。この席で、仏教に関する推薦図書のひとつとして西本先生が加藤の本をあげ、「著者は協和発酵という会社の社長で、科学者です」と言われたのを聞き、私は驚きました。と言うのは、協和発酵の防府工場は私の母校防府高校から南へ五、六百メートルばかり下ったところにあり、社員も私の近所に沢山いましたが、その社員の一人から、協和の社長は人格者で社員からも尊敬されているということを聞いた記憶があったからです。そのことが、加藤の本を読む気になった直接のきっかけでしたが、もうひとつ、別の理由がありました。

私は学生時代から、自分のような愚かものにでも理解できる仏教入門書はないものかと方々探すものの、適当な本に出会えないで悩んでいたのですが、西元先生から加藤のことを聞いて、こういう経歴の人の書物ならば案外面白いかもしれないぞと思ったのです。というのは、実はそのころ私が読んでいたのは、著名な高僧や仏教学者の本ばかりでしたが、用語も内容も難解で読む気もしないものが多く、そうした本は諦めて、仏教を本職としてはいないが、しかし仏教に造詣の深い一般社会人の著した書物を読んでみたいという気になっていたからでした。その中でも、芸術家や文学者のような書斎人ではなく、社会の荒波の中で苦闘している実業家か、生命を預かる医者、あるいは時代の先端を行く科学者のような人の著書が好ましいと思っていたのですが、科学者にして経営者たる加藤はそれにピッタリの人物だったからでした。

そして、実際に読んでみると、それまでのどの仏教書にも見られない新鮮さがあり、強く心ひかれるものを感じました。

たとえば、仏教に無縁だった加藤がなぜ仏教に帰依するに至ったのか、その過程でどのような精神的葛藤があったのか、仏教に帰依することによって内面的にいかなる変化が生じたのかといったことが繰り返し述べられており、高僧や仏教学者の本では感じたこともない強いインパクトを受けました。

その加藤のかずある著書のうち、私がもっとも興味深く読んだのは、昭和四十一年に刊行された『光を仰いで――醗酵にかけた夢と希望』でした。この本には、結核の特効薬ストレプトマイシンその他の薬品・食品製造によって発酵業界を牽引していった自社の成長過程や少青年期の思想遍歴と共に、金子大栄との出会いから在家仏教会創設に至る経緯などが詳しく叙述されていて、読み応えのある本でした。また、内容もさることながら、私はこの本の題名にも魅力を感じました。この本は、指導的立場にある経営者の人間像を通して、日本企業の姿を紹介することを目指してダイヤモンド社が企画した「歴史をつくる人々」の一冊で、このシリーズには、一流企業の社長、会長が執筆しているのですが、その題名は、当時、流行した「俺についてこい」式の自己主張の強い、勇ましいものがほとんどでした。しかし、それだけに、加藤だけが、他とは異なって謙虚な題名を掲げているのに私は心をひかれました。また、内容も題名にふさわしく、煩悩具足の身たることを自覚しながら、仏の光を仰いで、希望に燃えて生きる姿勢が見られ、以後、いっそう加藤の著書に引き込まれていったのでした。

そして、いつのころからか、加藤の思想や行動を一書にまとめて紹介してみたいと思うようになっていたのでしたが、近年、その気持をさらに刺激する研究が近代仏教史研究者の中から起こりました。それは、関東と関西の一部有志が共同で数年前から行っている近角常観に関する一連の研究です。

これについては本文（二四頁）でも述べていますが、これらの研究者によって、東京本郷の求道会館で発見された近角および近角と交流のあった人びとの厖大な量の書簡が次々に紹介されるようになりました。そして、その研究によって、仏教、とくに親鸞信仰が明治末～昭和初期に、これまで考えられていたよりはるかに多くの政治家、財界人、科学者、文学者、男女学生等々の心を強く捉えていたことが明らかになってきています。これらは、加藤より一世代前の人たちですが、彼らの真摯な求道姿勢には加藤に通ずるものがあるように私には思えてなりません。

多くの現代人は、加藤のような財界人・科学者で熱心な仏教信奉者は例外中の例外、突然変異のように考えているようですが、こうした求道者を産み出す土壌が大正期にはまだ存在していたのであって、加藤はけっして例外中の例外ではなかった、したがって、まだまだ探せば加藤のように旺盛に社会活動をしながら、同時に真剣に仏教の伝道活動をしていた人物が他に幾人もいたのではなかろうかということが頭をかすめてきて、加藤を例外視するのではなく、これを近代仏教史研究の俎上に載せる必要があるのではなかろうかとしきりに考えるようになってきました。

さらにまた、加藤の仏教観への偏見を是正する必要も感じてきました。あとで詳しく紹介するように、加藤は在家仏教会を創設し、仏教伝道のためにも多大な貢献をしたのですが、それを寺院仏教を否定する活動と思っている人が今も多いのが実情です。しかし、それはとんでもない誤解で、加藤はこの会の初代会長就任に当たって、寺院、僧侶を排除しようとする一部の意見に断固反対して、「寺も僧侶も大事という考え」を主張し、その確認を得たうえで会長を引き受けたのでした（本文六七頁）。そして、その言葉どおりに会は現在も運営されているのですが、なかなか誤解が解消しないようで、それは仏教界にとっても残念なことです。その誤解をとくためにも加藤の実像を正確に伝えることが必要なはずです。

そんな気持も加わって、一仏教史研究者として、また、一寺院僧侶として、加藤に関する一書をまとめてみたいという思いがいっそう募ってきました。しかし、いざまとめるとなると、どういうかたちにすべきか戸惑うことが多く、結局、私の拙い説明、論評は極力抑え、加藤本人の文章をなるべく多く掲げることにしました。その方が、読者のためにも、また、将来、加藤研究をされる方のためにも有益と考えたからです。

そうした作業を進めていた折、たまたま山口県立大学国際文化学部安渓遊地教授のご厚意で、専門演習のゼミ生相手に講義をする機会を与えていただきましたので、頭の中でほぼ煮詰めていたものを簡単ながら系統立てて話してみました。聴講生の大半は、これまで仏教についてほとんど学んだ経験はなく、反応が気になりましたが、思ったよりも興味をもってくれたようでした。それも、出版への意欲を加速させてくれました。そのときの講演ノートに追加、訂正して誕生したのが本書です。

加藤の言葉を通して、加藤が仏教とどう関わっていたか、その仏教思想がいかなるものであったかを少しでもご理解いただければ嬉しく存じます。そして、できることなら、将来、どなたかに本書を叩き台にして、加藤の本格的研究をしていただければと、ひそかに期待いたしております。

なお、本文では、私が直接お世話になり、故人となられた方以外の人はすべて敬称を略させていただきました。

最後に、本書刊行に当たって、多くの人びとにお世話になりました。とりわけ元協和発酵社員加藤文雄、在家仏教協会常務理事上村隆利、山口県立大学教授安渓遊地の各氏には格別お世話になりました。また、出版に際しては法藏館の上山靖子氏に細部にわたってまで献身的にご助力いただきました。心よりお礼申し上げます。

平成二十六年六月

児玉　識

加藤辨三郎と仏教　目次

Ⅲ　「自信教人信」の生活に

Ⅳ　仏教観

加藤辨三郎と仏教

——科学と経営のバックボーン——

はじめに

ご紹介いただきました児玉です。現在、山口県防府市で真宗寺院の住職をしながら、同時に、近世仏教史研究に携わっているものです。教職を退いて十年以上になるものが、若いみなさん相手に講義をしてもよいのかなと、いささか気にもなるのですが、せっかく機会を与えていただきましたので、率直に私の考えを述べ、それについてのみなさんの忌憚のない意見をあとで聞かせていただけたらと願っています。

講義に先立ち、最初にひとつだけお断りしたいことがあります。

それは、講義のレベルについてです。私は学生時代、大変に出来の悪い劣等生でした。そのため、先生の話す講義内容が十分に理解できないことがしばしばで、いつも苦労しました。そこで、卒業後、教員になりましてからも常にそのことが頭にあり、私のような惨めな学生を少しでもなくしたいという思いを強くもっていました。そのせいで、ついつい低いレベルに照準を合わせた講義をすることが多くなり、優秀な学生を失望させるケースが少なからずあったと思います。しかし、その長年の習性は今もあまり変わっていないので、今回もいつものペースでいくことになりそうです。こういう講義の仕方は好ましくないという声があるのは十分承知してはいるのですが、これが私のスタイルですので、お許しください。

ついては、優秀な人には、不満な部分もかず多くあるかもしれませんが、一応、高校を卒業したばかりで、仏教の知識もほとんどない、しかもあまり勉強は好きでないような人を想定し、それに照準を合わせて語りかけるくらいの気持で講義を進めさせていただきます。したがって、出来のよい人には、まどろこしく感じられる部分もあろうと思いますが、我慢しておつき合いください。

今回のテーマは、昭和中・後期に活躍した加藤辨三郎という財界人の仏教観およびその仏教的生活についてです。加藤辨三郎といっても、大半のみなさんはご存知ないでしょうが、これは協和発酵工業（現協和発酵キリン）という会社の創業者で、経営者としても科学者としても第一線で幅広く活躍すると同時に、熱心な仏教信者で、今も続いている在家仏教会を創設し、その面でも大きな功績をのこした人物です。

しかし、加藤を取りあげるのは、単にこれが三拍子揃った偉大な人物だからというわけではありません。それは、主として以下の三つの理由からです。

ひとつは、みなさんにも近代仏教史に少し関心をもっていただきたいからです。実は、私自身の研究分野は近世（江戸時代）仏教史であって、明治維新以後の近代仏教史についてはあまり知識がありません。というのも、私たちの若いころは、近代仏教史に関心を寄せるものはほとんどいない状態で、研究も非常に低調だったからです。それは、日本の近代社会は世界でも例外的に宗教と無縁の社会だったという考え方が一般化していて、近代仏教を無視する傾向が非常に強かったからです。

ところが、最近になって、実際には近代においても仏教は従来考えられていたよりも社会に広く浸透していたのではないかということが一部の研究者から言われるようになり、それを掘り起こそうという運動が徐々に盛んになってきています。

なかでも注目されるのは、数年前から関東および関西の一部有志によって共同で進められている近角常観（一八七〇〜一九四一）に関連する一連の研究で、東京の求道会館で発見された近角本人および近角と交流のあった人びとの厖大な量の書簡が次々に紹介されています（岩田文昭他「近代化の中の伝統宗教と精神運動――基準点としての近角常観研究」『平成二十年度〜平成二十三年度科学研究費補助金研究報告書』）。これらはいずれも明治末〜昭和初期、つまり加藤より少し前の世代の人たちですが、これらの書簡やこれに関する研究論文によって、近代社会においても仏教が、これまでの常識では考えられないほど多くの哲学者、政治家、財界人、科学者、文学者、芸術家、男女学生等々の心を強く捉えていたことが明らかになってきました。このことは、私にとっても驚きで、近世仏教との関連の上で近代仏教についても考察してみたいという気持が湧いてきました。しかし残念ながら、今の私では、近代仏教に新たに挑戦するのはとても無理です。そこでせめて、個人的に若いころから関心をもっていた加藤の仏教についてだけでも、近角仏教の延長線上の人物として検討し、戦後の日本の財界にこんな仏教者もいたことを紹介するくらいのことはしておきたいという思いが最近頻りにしてまいりました。

そして、それを若い方がたにバトンタッチし、将来、加藤研究をさらに進展させ、加藤仏教を近代仏教史の中で位置づけて欲しいと願っているのです。といいますのは、まだ加藤仏教を学問的に研究した人は一人もいないからです。今回の私の講義も、とても学問的といえるようなものではなく、事実の紹介と若干の私見を述べる程度になってしまうと思いますが、ただこれを足がかりにして、少しでも多くの人に　加藤研究をしていただけたらと願っています。そして、さらにこれを機に近代仏教史全般にも関心を寄せる人が一人でも増えてくれることを期待しているのです。

第二の理由は、仏教そのものを知るための入門書の一つとして加藤の著書をお勧めしたいからです。といっても、加藤は仏教学者ではないし、仏教に関しても、体系的にまとまった仏教書を刊行したのではなく、いずれも断片的なもので、これにより仏教の知識が急増するというたぐいのものではありませんが、しかし、加藤の著書は、かずある一般の仏教入門書、概説書とはちょっと違った角度から書かれていて、参考になる部分もあるのではないかと思います。といいますのは、たとえば、一般の仏教入門書、概説書には、釈迦仏教（原始仏教）と日本仏教との関係についての説明が十分になされたものが少ないのですが、加藤はその部分に力点を置いて書いているからです。

釈迦仏教の根本原理である十二因縁、八正道、縁起の法などはどの本にも詳しく書かれていますし、また、日本仏教諸宗派の特質について書かれた本も数多く出ていますが、ただ、両者の関係、つまり、釈迦仏教の思想が日本仏教各宗宗祖の思想形成にどう関係していたのかといった問題について説明した入門書は意外に少ないように思います。しかし、これについてのある程度の認識がない限り、仏教の本質を理解することは困難ですし、筋道を立てて仏教の流れを把握することもできません。学生時代、仏教を学ぶに当たって私がもっとも悩んだのもこのことでした。その点で、加藤の著書では、釈迦仏教と日本仏教諸宗派それぞれとの関係を重視する姿勢で叙述されている部分が多く、仏教の本質がいかなるものであるかを手っ取り早く学ぶうえで効果的と思います。

また、一般入門書、概説書は客観性を重視することから、自分の信仰についてはまったく触れないのが普通です。それは学術書ですから当然のことです。しかし、加藤はあくまで信仰の書として執筆したので、本来、仏教に無縁だったものがなぜ仏教に入っていったかを繰り返し正直に綴っており、入門書、概説書にはない迫力が感じられます。

ただ、私が専攻しているのは近世の仏教史学、真宗史学でして、仏教学、真宗学そのものについては専攻外なので、加藤の説く教えを現在の教学者がどのように評価するかはわかりません。おそらく、賛否両論あることでしょう。私自身は加藤の考え方に大いに共鳴するのですが、みなさんは私の言葉に惑わされることなく、実際に読み、自分の頭で判断し、是は是、非は非と主張していただきたいと願っています。

いまひとつ加藤を取りあげる理由は、現代社会における仏教の有効性についてです。加藤は、仏教を学ぶことは経営のうえからも科学のうえからも非常に有益だということを、自分の経験を踏まえて繰り返し述べていますが、その是非についてもこの講義を通してみなさんに考えていただきたいと思っています。

それではまず最初に、加藤の経歴のうちで、仏教に関係すること以外の部分について簡単に述べておきましょう。

Ⅰ　略歴

はじめに

加藤の履歴は、一九六九（昭和四十四）年に日本経済新聞に連載した『私の履歴書』に詳しく記されています。また、その前に出された『光を仰いで――醗酵にかけた夢と希望』にも興味深い記述がいろいろありますので、ここでは主にその二書および、最近刊行された『それからそれへ――協和発酵50年の軌跡と新世紀への礎』（二〇一二年）を参考にしながら、簡単に紹介しておきましょう。

1　「火の車」の少年時代

ヘイコラヘイコラの生活

加藤は一八九九（明治三十二）年、島根県簸川郡荒茅村（現出雲市荒茅町）に生まれました。出雲大社から南へ約四キロの所です。家は随分貧しかったらしく、それは、「後年私は、長塚節の小説『土』を読んで泣いた。それというのも、この小説があまりにもよく農村の生態を写しだしていたからである。私の村もそのとおりだと思ったのだ。私は、正直にいって驕慢な地主に憤りを感じた」（『私の履歴書』）と書いていることからも察しがつきます。

少年期のことについては、『光を仰いで』に次のような記述があります。貧しい生活をしながらも、将来の進路について、父から思いがけない言葉をかけられ、はじめて将来に夢をふくらませた、終生忘れることのできない会話だったのでしょう。

私の実家は、島根県の片田舎のちっぽけな醤油屋であった。醸造業であったから、私が「醗酵」ということに興味をもち、醗酵化学を学ぶようになったかというと、そ

母校杵築中学（現大社高校）跡地に立つ開校80周年記念碑
題字：加藤辨三郎　昭和56年建立（著者撮影）

うではない。結果的には、そのとおりのコースを歩んで、今日、醗酵の事業に携わっているわけであるが、そもそもは、私は学校の先生になるはずだったのである。「学校の先生」――それも、田舎の「小学校の先生」――になることが、両親のささやかな望みであったし、私はそれをかなえることが、親孝行だと思っていた。

だから、今日の私は、「先生」という駅に向かって走っていた汽車が、途中のポイントの切り違えで、「醗酵事業」という駅に着いてしまったようなものである。

醤油醸造業といえば聞えはいいが、まったくの家内工業で、実際のところ、子供ごころに「これじゃ中学校へはやってもらえない」とあきらめていたほど、家は火の車であった。

だから、親父から「おまえ、中学校へ行け」といわれたときは、嬉しさよりも驚きが先にたっていた。「中学校に行って、何になるんだ――」と、子供っぽい質問を親父にしたほどである。

親父は、先生になれという。こんなちっぽけな醤油屋をやって、ヘイコラヘイコラいっているよりも、先生になって、みんなから「先生、先生」といわれたほうが、なんぼかいいぞーというわけである。

親父の考えはまったく単純であるが、それだけに、ずいぶんヘイコラヘイコラしなければならないことが多かったのだろうと察せられる。

この一文からもわかるように、加藤家は経済的に非常に貧しく、苦労したようです。それでも、父親の言葉に勇気づけられ、急に勉強意欲が湧き、杵築中学校（現大社高校）へ入学することができました。

す。

母の死

しかし、それからまもなく、中学二年のとき母親が亡くなり、大きなショックを受けます。

いうまでもなく、私の生涯最大の悲しみであった。私は慟哭した。慟哭ということばがあてはまるほど泣いたのは、私はこのときだけのように思う。悲しいという感情はむしろあとからふりかえってみて初めてわかるもの。直面しているときはただ慟哭あるのみだ。私は客の顔を見るたびに泣いた。
（『私の履歴書』）

とまで書いています。また、これ以後、家庭的に複雑な悩みもいろいろ派生したようで、「それからしばらくが、私の魂のいわば放浪時代であった」（『阿弥陀経を読む』）と記していますし、「私のこだわりが本当に解けたのは私が仏教に帰依してからのことである」（『私の履歴書』）とありますから、悲しみは相当に深刻なものだったのでしょう。

それでも、学業には熱心に励み、とくに化学に興味をおぼえ、先生になる考えはいろあせたものになってしまいました。そして、化学の道へ進むことを本気で模索し、理解ある叔父の勧めを得て父親をくどき、京都の第三高等学校へ、そこからさらに京都大学工学部へと進みました。

2　多感な学生時代

「第二の故郷」京都の青春

加藤が三高へ入学したのは大正六年、十八歳のときでした。島根の田舎からはじめて京都に出て、さぞ驚くことが多かったでしょう。校内には、旧制高校独自の自由の空気が漲り、級友にもさまざまなタイプのものがいて、それらと青春を謳歌したようです。そして、三年後には京都大学工学部工業化学科へ進みました。したがって、京都で六年間学んだのでしたが、この六年間は万事に素晴らしく充実した期間だったことはその手記からも窺われます。

読書にも力を入れ、手当たりしだいにいろいろな本を読みましたが、なかでも大きな影響を受けたのは河上肇の『貧乏物語』で、以後、さかんに河上の著書を読み、雑誌『社会問題研究』の愛読者になりました。そして、「(河上)先生の一連の論文を読んでいると、しだいに革命運動に引きこまれていった」と記しているように、社会主義思想にもかなり強い関心をもっていたのはたしかです。しかし、一方で、「マルクス・エンゲルスの『共産党宣言』を読んで、かえって、革命思想から遠ざかって行った。そんなことなら、革命によるほどのことではないではないかと思ったのである。彼らの政策の一部は日本においてはすでに実現していたからである。たとえば、鉄道の国有がそれである」（『私の履歴書』）とも述べており、批判的な見方もしていたと思われます。

理工系の学生でありながら、小説もよく読み、とくに日本のものでは漱石、翻訳ものではゲーテ、トルストイ、ユーゴーなどを熱心に読んだようです。

さらに哲学にも関心をもち、西田幾多郎の「哲学概論」の講義も真剣に傍聴しました。それはよほど有益だったらしく、「私は、この講義で、人間には、どう考えてもわからないことが七つあると教えていただいた。力の限界、感情の根源等である。力がどこからくるのかわからないこと、また、感情もそうであることを知ったことは、のちに私が仏教に帰依するに至るよい手引きとなった」（同上）と述懐していますが、これは加藤仏教を考えるうえで非常に示唆に富む言葉だと私は思います。と言うのは、あとで述べるように、加藤は、釈迦は他宗教の神のように全知全能であったのではないということを口が酸っぱくなるほど説き、『仏の三不能』ということを強調したりもしています。そして、一方的に自説を主張する折伏ということを厳しく誡めるのですが、こうしたことも、西田哲学が基礎にあったからでしょう。

また、一灯園の西田天香の思想からもかなり影響を受けたようです。この時期の仏教との関わりについては後で述べるので、ここでは触れませんが、西田哲学だけでなく、以上に述べてきたような、学生時代に京都でのさまざまな体験が、のちに熱心な仏教者になっていく上での貴重な思想的土壌となったのではなかろうかと私は考えます。京都は「私にとっては第二の故郷といっていい」（同上）と書いているのも、こういうことからではないでしょうか。

「生命の根源の科学」発酵学への目覚め

加藤の履歴を記すからには、肝心の工業化学科での研究状況について記さねばならないのですが、残念ながら、その方面のことは私にはまったくわかりませんので省略いたします。ただ、工業化学科では、のちに加藤のライフワークとなる発酵学を専攻したのですが、発酵学について、それが「なんとも神秘に満ちた学問」、「微生物、単細胞、酵素、いわば生命の根源の科学」で、「そのふところの深さにすっかり魅せられてしまった」（『光を仰いで』）とか、「そこで私は生命の不可思議に出会ったわけです。肉眼で見ることのできないものでも、顕微鏡の下でいきいき活動しているのが見えます。それは私たちの意思や行為の及ばない生命というものの不可思議な現象を感じさせてくれました」（『阿弥陀経を読む』）と述べていることだけは記しておきます。と言うのは、こうした、人為の及ばない「不可思議な現象」を感じた体験が、のちに加藤が仏教に心をひかれるに至ったひとつの重要な要因だったように思えるからです。

3　社会人時代――発酵のパイオニア――

戦前・戦中――注目された航空機燃料開発

発酵学のとりこになった加藤は、研究室にのこって、一生、この研究を続けたいと強く希望していましたが、「一たび家郷の状況を想起するときは、自身一己の願望を固執して、肉親の人々に心と物質の犠牲をこの上加重することはできない」（「大社中学卒業生物語」『島根評論』第七巻十一号）との思いから、学者の道を断念して、一九二三（大正十二）年に卒業と同時に、教授の勧めで、京都市伏見の四方《よも》合名会社という、みりん製造の会社に就職します。そして、就職後も大学院に籍を置いて研究を続け、「溷濁性味醂の生成とその救済策」という論文で学位を取得しました。論文の題名だけでは、この論文にどれだけの価値があるのかわかりませんが、坂口謹一郎東大名誉教授によると、この学位論文は「日本の麹のカビと、中国のそれとの性能の比較研究で、着想の雄大で基本的であったことは、現在わが発酵界がなおこの二本柱の上に立っていることでもわかる」（『光を仰いで』カバー）とのことですから、随分スケールの大きい論文だったのでしょう。

　ついでながら、坂口はこの文章に続いて「その人（加藤）のつくった会社が、完備した研究施設と有為な多数の研究者から成る大研究所を中心として経営され、ときどき世界の業界や学界を驚かすような発明発見がとび出すことも当然である」と書いていることも合わせて紹介しておきます。その具体的な事柄はあとで述べます。

　会社の方は、その後、組織変更して宝酒造となり、まもなく加藤は市川工場の工場長に就任し、東京住まいになりました。その後、生産調整、共同販売を目指して同業者間でつくられた協和会に転出、その協和会の下部組織として、協和化学研究所が誕生すると、加藤はその所長に就任しますが、そこでの研究が発酵工業に新天地を開くこととなったのでした。

その研究のひとつが、航空燃料のアンチノック剤としてのイソオクタンをブタノールからつくる方法で、その成果があがると、地下資源に乏しい日本では航空燃料の確保は喫緊の課題だっただけに、軍部は加藤の研究に目をつけ、要請はいっそう強まりました。そして、昭和十八年に東洋紡から防府工場を譲り受け、その地に東亜化学興業が設立されると、加藤は常務として着任し、軍が南方から運んでくる砂糖を原料にしてブタノール、イソオクタンをつくる仕事に従事しました。

戦後――ストレプトマイシンによる難病救済ほか

しかし、敗戦で一頓挫し、その後、この会社が生まれかわった協和産業株式会社の社長になりますが、敗戦直後は随分と苦労したようです。それでも、三年後、やっと原料の糖蜜の輸入が可能となり、発酵工業に明るい萌しが見え始めたことから、協和産業を発展的に解消して、あらたに「協和発酵工業株式会社」を設立しました。

その協和産業から協和発酵への切り替え当時の経営は大変で、糖液（砂糖のあき袋を煎じてつくった溶液）を砂糖の代用にしてアイスキャンディーを作り、従業員が駅の売り子をして

敗戦直後の協和産業防府工場とその周辺
（『光を仰いで』より転載）

売ったこともあったそうです。そういえば、私たちが高校生のころ、三田尻駅（現防府駅）で戦後はじめてアイスキャンディーが売られるようになり、驚いた記憶がありますが、それがその糖液で作られたものだったとは、当時はまったく知りませんでした。

このような苦闘を重ねながら戦後の混乱期を切り抜け、やがて、協和発酵は新製品を次々と世に送り、大躍進していきます。なかでも広く世間の注目を集めたのは、ストレプトマイシンの技術導入でした。これにより結核に対する人びとの恐怖心が大きく軽減し、現在のみなさんには想像もできないほど多大な光明を日本中にもたらしたのでした。

入社当初からこの研究に携わった木下祝郎元協和発酵社長によりますと、加藤は日本の亡国病といわれた肺結核撲滅に強い意欲を持ち、米国メルク社の技師を防府工場に招待したところ、日本にこれほど大規模の発酵の工場があったことに驚き、ストレプトマイシン技術提携の相手として好適と判断し、提供契約が成立しました。許可料一〇〇万ドルは当時の会社にとっては莫大な額でしたが、この加藤の大英断によって、結核は見る見る減少したとのことです（木下祝郎「加藤辨三郎会長を偲んで」『在家仏教』一九九九年八月号）。

また、昭和三十一年には、発酵法によるグルタミン酸ソーダ製造という画期的な事業に成功しました。そして、それに関連した種々新製品の相次ぐ生産もあって、発酵のパイオニアとして協和発酵およびその創始者加藤の功績は、広く国内外で脚光を浴びるに至ったのでした。

さらに、加藤は単に協和発酵一社の発展に尽力するだけでなく、関連する多くの事業創立のお膳立てや助成、提携などにもなみなみならぬ意欲で取り組み、その面でも多大の成果をあげました。

しかし、化学工業や会社経営などといったことにまったく無智な私が、こういう話をするのはふさわしくないので、この話はこのへんまでにしておきましょう。ただ、もしこういった分野に関心のある方は、加藤が著した『光を仰いで』を読んでください。発酵化学の成長過程やそれに賭けた経営者の心意気がいきいきと描かれていて、私のような化学知識のまったくないものが読んでもワクワクするほど楽しい本です。

その後の加藤の、会社以外での活動についても、取りあげるべきことはいくつもありますが、ここではすべて割愛して、特許庁工業所有権審議会委員、工業技術院審議会委員、通産省化学品審議会会長、科学技術庁顧問、核物質管理センター会長、日本特許情報センター会長等々を歴任したことだけを報告して、次に加藤と仏教との関わりについて述べることにしましょう。これからが本番です。

Ⅱ　仏縁開花

1　「馬の耳に念仏」の時期

「『歎異抄』の読み方も知らなかった」

加藤が理工系の学生でありながらも、学生時代に政治、哲学、文学などに関心を寄せていたことについてはすでに述べましたが、仏教に関することには触れませんでした。それは、あらためてここで取りあげたかったからです。

加藤は、自分は若いころ、仏教についてはまったく不勉強で、仏教は厭世的、逃避的と思っていたということをたびたび書いています。しかし、実際は仏教にまったく無関心だったたというわけではありません。そうではなく、仏教にも、知識として若干知っておきたいくらいの関心はあったが、理解できず、どうしても馴染めなかったというのが真相のようです。このことについては、「わたしと仏教」（『現代しんらん講座』4）に詳しく書いていますので、それに基づいて説明しておきましょう。

まず、はじめて仏教書を手にしたときのことについて、次のような記述もしています。

あるときある本屋で、いつもの通りになにごころもなく、一冊の薄っぺらな本をとりあげました。本の名は何と読むのかわかりませんでした。それをタンニショウと読むのだということは、後に知ったのであります。和綴じの小さな本でありまして、たしか十銭と書いてありました。その本を手にとって、何の気もなくふたつに開いてみますと、そこに実に妙なことが書いてあったのです。

「善人なおもて往生す。いかにいわんや悪人をや……」

これには非常に驚きました。間違いじゃないかと思いました。しかし、あとを読んでみると間違いでもなさそうである。ずいぶん変ったことをいう人があるものだなと思いました。その変わっていることに心ひかれ、ともかく、それを買いました。そして、寮へ帰って、はじめから読んでみますと、さあわからない。さっぱりわからないのです。風変わりな本であるなと思うだけでどうも納得できませんでした。もともと、ただの知識欲にすぎませんから、別にそれ以上深入りしなかったわけです。もとより「弥陀の誓願」などわかろう筈もありません。

このような有様で、「歎異抄」は諦めたのでしたが、それでも、それから一、二年後、金子大栄の『仏教概論』が目にとまり、「これを読もう。これを読めば、あらまし仏教のことがわかるであろう」と思い、これを購入して読んでみました。しかし、「それがまたさっぱりわからないのです。むつかしくて、歯がたたない。とうてい消化できないと思いましたので、それっきり棚上げにしてしまいました」と書いているように、仏教書は読むものの、なかなか仏教の世界には入れないままでいました。

ドシャ降りの日の聴聞

ところが、その後ある日、その金子大栄の講話が京都岡崎であることを大学の校内掲示板で知り、ふと話を聴きに行く気になり、当日、講演会場に出かけました。その日はドシャ降りで、参会者はわずか四、五人。それでも金子はその四、五人を相手に熱心に観無量寿経について講話をしました。しかし、またしても内容が難しく、加藤にはちんぷんかんぷん、ほとんど理解できませんでした。それでも、講師の非常に真面目な態度には心をうたれたようです。それと、話の中に「下品下生」という言葉が使われ、それは下の下の人間ということで、念仏は、その下品下生のために説かれたものであるということ、それだけが記憶に残ったとのことです。

たったそれだけのことでした。そして、その後、さらに仏教の話を聴きたいとも思わなかったし、むしろ、そんなものがなんの役に立つかという思いの方が強かったようです。しかし、この日の体験が、のちに加藤の人生に決定的に大きな影響を与えることになったのでした。後年、加藤はこの日のことについて、「これは、後に、私にとりまして一生を支えるほどの無上のご縁となるのです。ただしそれは、さらに二十年後のことです」と記しています。

ろくろく理解もできないような講話を聴いたことが、「一生を支える無上のご縁」になったとは、不思議なような気がするでしょうが、それに至る過程には、大学卒業後の加藤の二十年間のひたむきな生き方、内面的葛藤、さまざまな人間関係がありました。そして、それらがないまぜになって、加藤をして金子の世界に入らしめるに至ったのではないでしょうか。

加藤は、のちになって、「下品下生の人間こそ救いの対象である」と説く念仏の教えに深く帰依したのですが、他人ごとのように思っていた下品下生の人間とは、まさに自分のことだったと、このころ（二十年後）になってはじめて気づいたのでした。そして、それに気づいて念仏を称え、仏法聴聞する身となってみると、岡崎でドシャ降りの日に聴いた金子の法話は、「一生を支えるほどの無上のご縁」だったと、心から思えるようになったのでしょう。もし、あの日の縁に会わなかったら、生涯、仏教とはすれ違いで終わっていたかも知れない、そう思うとそら恐ろしいという気が、加藤にはつねにあったようです。

下品下生といえば、次のような話も伝えられています。会社でのある雑談の席で、一人の役員が加藤に向かって「私は一生懸命、会社のために働いて来ましたし、その他悪事を働いた覚えもありません。ですから私のような者は中品中生くらいと考えてもよいのでしょうか」と尋ねました。すると、加藤は静かに微笑みを湛えながら、「それが下品下生というものです。自分が努力しているとか悪事をしていないとか、考えることじたいが人間の奢りというもので、その奢りがある限り、下品下生を抜け出る事は出来ないのです」と言ったそうです（木下祝郎「加藤会長を偲んで」『在家仏教』一九九九年八月号）。見事な回答です。こんな調子で、つねに加藤は下品下生を説いていたのでしょうが、しかしこれは、ドシャ降りの日から二十年後のことです。その間に、加藤はどういう体験をしたのでしょうか。

2　「遠く宿縁を慶べ」

心境の変化

大学卒業後、加藤が四方合名会社に就職したことはすでに述べましたが、ここの社長四方卯三郎は熱心な仏教信者でした。そして、毎月、僧侶を招いて法話を聴く会を開いていたのでしたが、加藤はそれを聴く気になれず、むしろ反発を感ずるほどでした。

ところが、その後、協和会に転出すると、そこの社長の野口喜一郎が四方以上に熱心な真宗門徒で、ここでも毎月、講師を会社に招いて社員に法話を聴かせていました。加藤ははじめはそれを聴くのがいやでいやで、ただ出席して坐っているに過ぎないような有様だったのですが、その後、しだいに気持が変わっていったようです。その時のことを次のように書いています。

そのようになかば強制的に聞かされております間に、戦争も末期になり、B29がちょいちょい飛んでくるようになりました。ちょうどその頃のことだと思います。例によって会社で法話を聞いております時、フト先生の話は、いかにももっともだと気づいたのです。そうしますと、今まで私が考えていたことが、根こそぎ間違いであるという結論になるのですから、あわててしまいました。そして、こりゃ聞かずばなるまいということになったのです。爾来、命令されるまでもなく私の方からお話しを聞きにまかり出るようになりました。

(「私と仏教」『現代しんらん講座』)

ここでいっている「先生」とは真宗本願寺派の学僧として、広く伝道活躍していた松原致遠です。ところが、加藤によりますと、その松原が戦争末期、空襲警報下の闇夜に交通事故で亡くなりました。そのとき、松原は「いたいお叱りをいただきました」とひとこと言い、あとは念仏となって息をひきとったのでしたが、このことが加藤をいっそう念仏に誘うよすがになったようです。

社内法話に反発していた加藤も、幾人もの先達のおかげで、このようにしてしだいに仏教の世界に入っていったのでした。

「偶然」の内面に「宿縁」

野口喜一郎が熱心な仏教信者であることを述べましたので、それに関連していまひとつ付け加えておきましょう。先に申しましたように、戦後、加藤は協和産業の社長に就任しましたが、そのとき、野口はその新会社の会長で、二人で力を合わせて会社運営に当たっていたようです。ちょうどそのころ、のちに協和発酵の社長にもなった木下祝郎が新入社員としてこの会社に入るのですが、入社直後に野口から『科学と宗教』という題の本を手渡され、「君は技術者として自然科学の道を歩む人であるが、科学者や技術者はとかく宗教を軽視する傾向にあることは大変嘆かわしい、宗教は決して軽視されてはならないと思うので、この本をよく読む様に」と訓戒されたとのことです（木下祝郎「科学と宗教」『在家仏教』二〇〇五年一月号）。このことから、野口は単に仏教信者というだけでなく、本来の宗教は科学と矛盾しないという信念をもった人だったと思われます。紆余曲折があったとはいえ、科学者である加藤がしだいに仏教にひかれていったのも、社会人になって身近にこういう先輩がいたことも影響していたのでしょう。

それは、野口が亡くなったときに加藤が書いた次の文章からもわかります。

わたくしが、野口さまに、はじめてお目にかかりましたのは、昭和十一年でありました。このかいこうは、仕事の関係によるものでありますが、そこには意識的なはからいなど微塵もなかったのです。わたくしが社命によって出向を命ぜられたその職場が、野口さまが役員をしていらっしゃるところであったというだけのことです。わたくしが望んで行ったのでもなく、野口さまが呼び寄せられたのでもありません。お互いに、思いがけないであいであったのです。

ところが、この偶然の関係が、わたくしの一生を定めることになったのです。わたくしは仕事の上でも、野口さまの部下として、かずかずのご指導をいただきました。それとともに、わたくしは、野口さまのおかげで仏教に帰依し、遂に念仏門徒にまでなったのであります。わたくしは、これをひじょうにありがたく思うのです。親鸞聖人のおことばに、「偶《たまたま》行信を獲ば遠く宿縁を慶《よろこ》べ」とありますが、わたくしには、それがわたくし自身へのおことばとして、ひしひしと身に迫ってくるのです。野口さまとのご縁は、さきにもうしましたとおり、わたくしのはからいによるのではございません。それだけに、このご縁を、そのさきそのさきとたぐってまいりますと、もう宿縁ともうすほかはないのです。仏教とは、ひとくちにいえば、「偶然」の内面に

「宿縁」を感知させる教えだといえるようです。

（「宿縁」『いのち尊し』続々）

こうした周囲の人びとのお陰で、やっと加藤は仏教に本気で接近するようになったのでした。そして、その熱がいっそう高まっていったのは、金子の導きがあったからでした。

3　「心の師」金子大栄の導き

「遂にその日は来た」

ドシャ降りの日に金子大栄の講話に接し、少しばかり心に残るものを感じた加藤も、大学卒業後は仏教にまったく関心がなく、金子のこともすっかり忘れてしまったような有様だったようです。しかし、いやいやながらも会社で説法を聴かされているうちに、先に述べましたように、少しずつ仏教に引き込まれていきました。そうなると、学生時代に聴いた金子の話が頭をよぎるようになり、金子に急接近していきました。

そのことを加藤は、昭和四十二年十二月十九日付け朝日新聞「出会い」覧に載せていますす。そこでは、最初に「私の心の師は、金子大栄師である」と記し、次いで、学生時代に金子の講話を聴いたこと、しかし、その後二十年間、仏教に顔をそむけて過ごしていたことを書き、さらにそれに続けて、金子を師として慕うようになっていった経緯を綴っています。

（中略）ところが、四十歳を過ぎたころ、良い先輩のすすめによって、私にも、もう一度仏教を聞く機会が与えられた。そうして、再び金子大栄師のおもかげを偲ぶようになった。私は師の著書をあさりはじめたのである。そして出会ったのが、師の著『人』である。私は、この書によって眼を開かれたといっていい。そこには、仏教でいう五眼が、平易なことばで書かれていたからである。肉眼、天眼、慧眼、法眼、仏眼、私はおどろきとともに、不思議な魅力を感じた。私は、それまでの私の愚かさを恥じないではいられなかった。私には、ただ肉眼しかなかったのだった。それも、死んだ魚のそれのような曇った眼。仏眼はしばらくおくとしても、天眼、慧眼、法眼とは、どんな眼なのだろうか。

それにひかれたばかりではないが、ともかくそれ以来、私は師の著書をむさぼり読んだ。著書を読むだけでは満足できず、遂に師に、東京へのご出講をこうに至った。

終戦後まもないころである。師は快諾くださった。その後、師は毎年上京して、私たち同志のため講演くださっている。四十年前には、私は師との出会いを偶然としか考えなかった。しかし、今では一書店で師の著書に出会ったことさえも、遠い宿縁と喜ばずにはいられない。偶然を宿縁と感ぜしめるもの、それが念仏なのであった。

ここで私は念仏について一言しておきたい。これこそが、私が師から学んだ最大の収穫だからである。私は師によって、私がいかに驕慢であり、怠慢であり、軽薄であり、不徳であるかを、いやというほど知らされた。それでも、念仏を称えることは出来なかった。本願を信ずることができなかったからである。その他の点は、いちいちわかるにもかかわらず、肝心の本願とか、浄土往生とかの段になると、どうしてもすなおにうなずけなかった。だが、遂にその日は来た。私は、私の思考の一切が思い上がりに過ぎないことを知ったのである。まさに、刀折れ矢つきた思いではあったが、ともかく私は念仏を称えた。そして、称えてはじめて知った。念仏こそが、弥陀の本願そのものであることを。探し求めていたものは眼前にあったのである。浄土往生も議論の必要はなくなった。行先を浄土といおうとネハンとよぼうと、明るいことはたしかである。私の生きて行く道が、ここに定まったのである。あとは、日々の生活を与えられるままに営んで行くだけである。
私は師を通じて仏教に出会ったことを無上の喜びと感じている。

長い文章を引用しましたが、この文面からだけでも、加藤がいかに金子に深く心酔していたかが分かりましょう。「私は師の著書をむさぼり読んだ」と記していますが、よほどの感動をもって読んだのでしょう。

終生の絆

金子は、自著『浄土の観念』をめぐる異安心問題で伝統教学者から批判を受け、大谷大学教授を辞任します。のち復帰するも、戦争の最末期には京都の上京にあって、世間を外に独り静かに本典を講じていましたが、その学を慕う人がよほど多かったとみえ、戦後、物資不足の時期にもかかわらず、全人社という会社が紙を工面して金子の著書出版をひき受け、それがベストセラーになり、洛陽の紙価を高めたと伝えられています（弘利真誓『よき人に導かれて』）。

そんな折に、金子は加藤の要請を受け、以後、その期待に沿うべく、最晩年まで労をいとわず加藤の活動に協力していったのでした。たとえば、加藤は京都在住の金子に東京での講演を依頼し、金子はそれを快諾したとありますが、これは昭和二十三年から始まり四十四年、金子が八十九歳になるまで毎年行われたのでした。また、昭和二十七年に在家仏教会が設立されるや、同会のために金子は会誌『在家仏教』に論文、随筆などを九十六歳の死の直前まで、ほとんど欠かさず毎月寄稿し続けました。

一方、加藤は在家仏教会より『金子大栄選集』二十三巻を刊行したりして、金子の書物の普及にも多大の力を尽くしています。また、金子の命日が十月二十日なので、加藤家の過去帳の二十日のところには「聞思院釋大栄」と金子の法名が書かれていて、命日にはそこを開いて念仏を称えていた（『阿弥陀経を読む』）といいますから、家族同様の親密なつき合いだったようです。二人の偉大な仏教者の結びつきがいかに強力であったかは、これらのことからだけでも十分に窺えます。

ところで、加藤は、多くの仏教学者がいるなかで、なぜ金子にそれだけ深く傾倒していったのでしょうか。ひとつには、いうまでもなく、ドシャ降りの日に京都岡崎で金子の講話を聴いたことが縁になったのでしょうが、そういう偶然のできごと以外にどんな要因があったのでしょうか。これにはいろいろなことが考えられますが、いま思いつくままにいくつか挙げておきましょう。

まず考えられるのは、金子の温厚な人柄でしょう。それから、金子が常に平易な言葉で仏教を話すよう心を遣っていたこともあげられましょう。当時の仏教界で金子ほど仏教の専門用語を使わないで仏教を説いた学僧は稀だったと思われますが、その姿勢を加藤が喜んだことも確かでしょう。

さらに、科学者である加藤にとって、如来および浄土についての旧態依然たる「常識的実在感」を早くから批判していた金子の教学は、当時としては珍しく受け入れやすい教えだったに違いありません。

「柔軟の道」

金子には、これ以外にもなおいくつも加藤の心をひきつけるような要素があったと思いますが、そのなかでも私がとくに注目したいのは、金子が「柔軟心」を非常に強調していることです。「柔軟心」は釈迦が最初に説いた教えのひとつで、「阿含経」に記されているのですが、金子は、釈迦以来、これが仏教的人間形成のうえで最重要視されていた教えと考えていたようで、「私は、仏教のただ一筋の願いは柔軟の道といふものにあると思ふものであります」とまで言っています。そして、その言葉に続いて、さらに次のように言っています。大事なところなので、注意して読んでください。

柔軟といふことは大体剛直といふ言葉と対になるのであります。剛直といふのは硬い。硬いといふことは善を以て悪を征服することと言ってよい。自分の方がよいのであるといふ力を以て、向ふの方の悪いのを抑へてゆかうとする。それを剛直といふ。（中略）今日の時代は正しく、人間は剛直でなくてはならんといふことを要求してをるのであります。敗けてをってはいけない、正義はどこまでも主張しなければならない。労働協議でなくて労働争議でなくてはならない。かういふ風にどこまでも善を以て悪を抑へて行かうといふところに、そこに剛直の行といふものがある。宗教すらも大体さういふところにあるやうであります。

ところが仏教の歩いて来ました道は柔軟なのであります。（中略）お念仏申す人間はいつも已れに立ち帰って、やはらかな心を以て、何とかよくなるやうに願ってきたのであります。

（金子大栄『真宗の話』）

ここには、当時（戦中・戦争直後）の世相に対する金子の厳しい批判の姿勢が見られます。柔軟の反対は剛直、剛直な人とは硬い人、硬い人とは、自分の価値観を絶対的に善と信じ、それを他人に強制してはばからない人だが、それは仏教の教えに反すると金子は言うのです。弱肉強食で、強者（剛直）が正義面をして、弱者におのれの価値観を押しつけ、逆らうものを悪人呼ばわりすることが許せないのは当然ですが、かりに、それが本当に善であっても、勝手に善を強制してよいはずはありません。「己に立ち返って、柔らかな心をもって」見直す「柔軟心」がいまこそ必要ではないか、というのが金子の主張でしょう。

柔軟心の欠けた人間は、自分だけが正義と考え、それを他へ押しつけようとするけれども、仏教の願いはその正反対で、柔軟の道を説くところにこそ最大の意義があると金子は常に説いていたのですが、この考えは加藤にも強かったと私は思います。それは、加藤の次の言葉からも明らかです。

こういうといかにも弱く聞こえるだろう。今流行のファイトとか根性とかとは正反対のひびきを与えるかもしれない。仏教はしきりに柔軟心を説くのであるが、それはじつは「やわら」の如く強いものである。私は仏教にあって、はじめて、私の進むべき道がはっきりして来たのである。

（「私の転機」『仏教と私』）

あとで述べますが、加藤はものごとを絶対視することを常に嫌いました。それは科学的立場にも、仏教的立場にも反する行為と考えていたのです。したがって、仏教においても、加藤自身は念仏ですが、念仏以外の諸宗派の人びととも深く交流し、自分の宗派のみを絶対化して、他を折伏するような態度には反対しました。加藤には、このようにものごとを絶対視することを批判する精神が強く、それが、柔軟心を強調する金子の仏教に傾倒していった一つの大きな要因だったのではなかろうかと私は思うのです。

もちろん、その逆で、金子から仏教を学ぶことによって、加藤が絶対視を嫌う人間になっていったという考え方もできるかもしれません。しかし、科学者としてだけでなく、経営者としても、経営者同士が、あるいは社員同士がそれぞれ自分の価値観を絶対化し、勝手な行動にはしるのは好ましいことではなく、柔軟心の涵養を望むのは当然と思われます。そうした点からも、加藤は「柔軟の道」を強調する金子の仏教思想にいっそう共鳴していったのではないでしょうか。

このような私見に対して、「柔軟心」は釈迦が説いた教えだから、金子以外にもそれを強調した人物は数多くいるはずで、そのことで加藤がとくに金子に共鳴したとは穿ちすぎた考えではないかと思う人もありましょう。たしかに、そういう意見が出るのはもっともです。しかし、宗教界では、それぞれに宗派・教団意識が強固で、自派・自教団の正当さを強調するのみで、他派・他教団に対する寛容性が意外に乏しく、その点での「柔軟心」が欠如しているのが実情です。近年はその傾向がかなり弱まっていますが、当時はまだそれが強かったのです。それは、この文章の中でも「宗教すらも大体さういふところがあるやうであります」と金子が記していることからもおわかりいただけるでしょう。

そういう状況だからこそ、金子は「柔軟心」が「仏教のただ一筋の願ひ」であることを力説したかったのかもしれません。そして、その言葉に加藤も強く引きつけられたのではなかろうかと私は推測するのです。

しかし、こんな穿鑿するのは無意味かもしれません。実際は、個々のことではなく、金子の思想、生き方すべてに加藤が吸い込まれていったというのが正しいのかとも思います。

宗教は書物によってではなく、人から人へ伝えられてこそ本当に根付くのだといわれています。加藤は金子の著書をむさぼり読んだと言いますが、しかし、書物もさることながら、最終的には金子の全人格に酔いしれ、気がつけば仏教者に育て上げられていたというのが真相かもしれません。

その当否はともかくとして、このようにしてようやく仏教に本格的に開眼した加藤は、その後、どのような実践活動をしたのでしょうか、次にそれを追ってみましょう。

コラム1

ウソ

加藤辨三郎

私は嘘をつくのが嫌いでありましてなどと言う人がよくある。ご自慢のようだが、誰だって好きでウソをつくものはあるまい。

おれはウソをついたことがないとまじめくさって言う人もままある。この大ウソつき野郎めと私は思う。ウソをつかぬ人間ってまずなかろう。

就職願いが相変わらず多い。学校からの推薦状は、きまって身体健康、思想は穏健、まことに申分ない人物になっている。そんな印刷された文章を誰がほん気でよむだろうか。

月給のこと、決してかれこれ申しませんから是非どうぞ、これもきまり文句だ。月給は高いがいいにきまっている。そんな安っぽいウソはおやめなさいと言いたい。

口頭試問というのが、これがまたウソくらべみたいなもの、もっとも、たいがい見えすいているから、愛嬌とも言えよう。

「酒は?」

「あまり飲みません」

「でも少しぐらいはいけるだろう」

「せいぜい一合位かと思います」

「そのからだで、そんなことはあるまい」

「宴会なら二合位迄いけるかも知れません」

「ぼくでさえ三合は平気だから君などはまず五合というところだね」

「さあ、飲めないこともないかも知れません」

「君ね、うちの会社では、酒の強い人を歓迎するんだよ」

「そうですか、それで安心しました。実はその、一升位、大丈夫でして」

と言った調子。ウソもこうなると、朗らかで、却って正直だという印象を与える。

　私は、役目柄、毎日、かなりたくさんのお客に接する。ウソのないお客はほとんどない。私はそれが当然だと思っている。さっきの口頭試問みたいなものだ。「いつわりは人間にあり」。こう言ったからとて、私は、ウソを礼賛しているのではない。ウソをつかずにおれない人間性を率直に認めているまでである。ウソはもとより悪い。その悪いウソをつかなければならないところに人間の弱さがある。

　それにしても、「私はウソがきらいです」とか「私はウソを言ったことがありません」などと、自分ひとり聖人みたいなことを言う人にはどうもはらを打ちわって話す気になれない。互いに人間の弱さを知り合ってこそ、「ウソ」のない話もできるというものだ。

　ウソをつかないなどと自惚れている不正直者より、またウソをついてしまったと恥じ入っている正直者を、私は好む。


（『協和』第27号　昭和二十九年十月一日）

Ⅲ 「自信教人信」の生活に

1 「在家仏教会」の創設

発端は列車事故

仏教には、「自信教人信《じしんきょうにんしん》」という言葉があります。これは、「自ら他力往生の教義を信じると同時に、他人にもこれを教えて信じさせる」という意味で、中国の善導の「往生礼讃」に出ている語です。親鸞も「教行信証」に引用していますが、加藤もただ仏教を学ぶだけでなく、しだいに「自信教人信」の世界に入っていきます。その具体的行動の最初は、在家仏教会の設立です。

一九五二（昭和二十七）年、加藤は在家仏教会の会長となります。これは、まったく偶然のことからもち上がった話だったのですが、『光を仰いで』によってその経過をたどってみましょう。

昭和二十五年、加藤は商用でアメリカに行きますが、乗っていた列車が脱線転覆して、軽傷を負います。そして、帰国後、ＮＨＫの「朝の訪問」に出たところ、アナウンサーが、加藤が仏教信者であることを知っていて、転覆事故にあったとき、念仏を称えたか、と質問しました。これに対し、加藤は「事故の瞬間も、傷を負ったと知ったときも念仏は称えなかった。ただ、痛いだけだった」と答えました。すると、アナウンサーは、「大事故に遭いながら、軽傷ですんだのも、念仏を称えていたからではないでしょうか」と言いました。そこで、加藤は「念仏をそういうふうに利己的に考えるのは、大きな間違い。自分も仏教を知るまえはそう考えていたが、この考えが、自分の仏教に対する考え方を大きく誤らせていた。念仏を称えたから怪我をしないとか、病気が治ると考えるのは大きな間違い。念仏とは、こうした考えとは逆で、どんな病気、怪我をしようが、責任はだれにも転嫁しないで、いっさいの責任を自分に感ずるような世界だ。そして、どんな境遇にあっても、つねに感謝する、そういう心の境地だ」ということを語りました。加藤としては、聞かれるままに、ひごろ思っている念仏観を述べたまでだったのですが、しかし、このことが、あとで大きな展開をとげるのです。

ミイラ取りがミイラに

それは、その日の午後、原始仏教の研究で著名な増谷文雄がＮＨＫを訪ねたことから始まりました。加藤にインタビューした朝のアナウンサーが、「面白いことを言った人がある」と言って、加藤が語ったことを伝えました。すると、増谷はその話に興味を感じたらしく、わざわざ加藤の録音を出させて聞いたそうです。

そして、それから半年あまりたったころ、仏教雑誌の刊行で有名な「大法輪」の記者が加藤を訪れ、同社が進めている在家仏教の運動に参加するよう、話をもちかけました。在家仏教というのは、普通の仏教とは異なる仏教があるのではなく、寺院、僧侶が中心になって行う一般仏教に対して、一般家庭（在家）で日常生活を営みながら、仏教に帰依するという立場をとるものです。当時、大法輪では、この在家ということに主眼をおいて、その全国的組織化と運動のもりあがりを提唱していました。その推進者の一人に増谷もいて、増谷から加藤のことを聞いた大法輪は、この運動への参加を加藤に働きかけたのでした。

しかし、加藤は最初はこれを断りました。理由は、大法輪の進めている在家仏教運動は、寺院もダメ、僧侶もダメで、まったくこれらを排除してしまおうとしているような印象が強かったからでした。加藤はこれとは反対で、「お寺も必要、僧侶も大事という考えで、これらをも含めての在家仏教を考え」、「在家と出家の共存であり、協力である」ことが望ましいという立場をとっていたからです。

加藤がこの考えを述べて、辞退してからまた半年ばかりが経過したころ、大法輪から再度、在家仏教について意見を求められ、「在家者が専門家の話を聴く会」ならば賛成といった意味の意見を述べました。すると、今度は加藤の意見に耳を傾ける人が増え、結局、加藤の意見に沿ったかたちの会を作ることとなりました。

そして、会長をだれにするかが問題になり、皇室、元大将、元華族らの名があがったとき、加藤は有名人を飾りにおく意見に反対し、「本当に仏教を信じる、民間の熱心な信者のほうが適当ではないか」と提案し、適任者探しに入ったところ、役員全員が加藤を推薦し、結局、加藤が会長を引き受けることになりました。「ミイラとりがミイラになった」と記していますが、これもひとえに、ここに至るまでの加藤の一連の発言に役員一同が共感したからでしょう。

このような経緯を経て、在家仏教会設立総会は昭和二十七年七月二十日、日本大学工学部大講堂で開催されました。会長就任の演説で、加藤は阿弥陀経の一句「青色青光、白色白光」を引用しながら、「いろとりどりのものの、おのおのがみな美しい」ように、真宗も禅宗も、浄土宗も日蓮宗も天台宗も、それぞれに美しい光をはなっているのであるから、みな、そのままの光を仰いでいこうじゃあないかという意味のことを強調しています。したがって、この在家仏教会運動は、そのころからしきりに言われ始めていた「折伏」を行うような攻撃的態度をとるのではなく、「自分自身が、いちばん最低点に立って聞かなければならない」という姿勢を最初からとるものでした。

加藤自身の信仰は、あとで述べるように、あくまで親鸞教義を基本とする、念仏中心です。しかし、自分がそうだからといって、それにこだわるのではなく、どの宗派も釈迦の教えから発生したのであって、根は一緒という考えを常にもち、在家仏教会も特定の宗派だけを学ぶものであってはならないという姿勢を鮮明に打ち出しております。

なお、この設立総会の様子は、『在家仏教』№1（一九五二年九月刊）に詳しく記されていますが、それによると、当日は司会武藤義一東大助教授、座長増谷文雄東京外大教授で、加藤会長の挨拶につづいて、上原専禄一橋大教授、渡辺照宏九大助教授らの祝辞があり、非常に盛会だったようです。

このようにして、在家仏教会（後の在家仏教協会）は加藤を会長とし、協和発酵の一部屋を事務所として発足しました。これ以降、ここを拠点に、加藤は多くの人びとに働きかけて、各種講演会の開催、仏書の刊行、仏跡巡拝等、さまざまな活動を開始いたしました。そして、それは加藤の没後も続けられ、現在も札幌、仙台、東京、名古屋、大阪、防府、宇部、福岡の各地でそれぞれ年に五、六回、講師を招いて講演会を行っていまして、私も毎年、防府会場と宇部会場でそれぞれ一回話しています。また、仏教書の出版も盛んに行われていて、会は順調に運営されているようです。

在家仏教会に対する偏見

ただ、残念なのは、この会に対する一般社会の偏見があることです。そのひとつの原因は、オウム真理教に関連する報道によるものです。ご存知のように、オウム真理教には、出家者と在家の信者がいて、宗教に専念する出家者を在家の信者が働いて支えるシステムがあり、事件のときも「在家信者……」と頻りに報じられたことから、「在家」という言葉がオウム真理教を連想する語になってしまって、誤解が生じたようです。

また、「在家仏教」という語感から判断して、これは「寺院仏教」を否定する仏教と考えている仏教者が今もかなりいるようです。

在家仏教会で講演中の加藤辨三郎
（『光を仰いで』より転載）

しかし、これは大きな誤解で、すでに述べたように、加藤は「寺院も必要、僧侶も大事」という立場を明確に打ち出してこの会を設立したのでした。こうした誤解をとき、「寺院仏教」と円滑に共存していくことが今後の在家仏教会の課題でしょう。

在家仏教を維持することは晩年の加藤の悲願だったようで、加藤の孫娘浅原純子は次のように書いています。

晩年の祖父は「在家仏教の火を絶やさないでくれ」と言い続けていました。念仏を授かったことの幸せを実感していたのです。そしてそれこそが、彼の人生で一番大事なことだったに違いないと思っています。

（「祖父加藤辨三郎のこと・居間の風景」『在家仏教』一九九九年八月号）

加藤の在家仏教会に寄せるこの熱い思いを、仏教界も十分に汲んで対応して欲しいと願っている人は多いと思います。

2　はじめての仏教書『いのち尊し』出版

「素人には素人の言葉」で

在家仏教会では、加藤が出版責任者となって、仏教専門の学者や僧侶、仏教に関心の深い各界の名士などに原稿を依頼して、月刊誌『在家仏教』の刊行を始めました。それは、清潔な仏教雑誌として、好評を得たようですが、しかし、一方で、少し難しすぎるという声も聞かれるようになったようです。

そんなある日、加藤は一女性から思いがけない声をかけられました。そのときのことを加藤は次のように記しています。

わたくしは宴会の席上で、新橋のある姐さんからおもいがけなくも仏教に関する質問をうけました。正直なところわたくしはひじょうにおどろきました。あなたは仏教に心をひかれているのですかと反問しますと、すでに『在家仏教』を読んでいるというのです。しかも、いつもハンドバックのなかにこの雑誌を入れておいて、パーマをかけてもらっている間に読みふけるとのこと。わたしは感激しました。そのとき、語をついでいいました。「読むけれども、じつはよくわかりません。わたくしにもわかるようなやさしいものも載せていただけませんか」と。それにこたえる意味でその翌月から、わたくしは「丸の内だより」と称する彼女宛の公開状を毎号『在家仏教』に載せてもらいました。それが積もって四十六回におよんだのです。われながら、よくもだらだらと拙いものを書いたものだと恥しくてなりません。けれども、友人のすすめによって、ここにそれをまとめて一小冊子といたしました。わたくしの処女出版です。おもはゆいことであります。

しかし、素人には素人の言葉がわかりやすいかもしれません。ただひとりでもいいです。この書を読んでなにか感じてくださる人があれば、もうそれでわたくしはじゅうぶん満足であります。

（『いのち尊し』あとがき）

加藤の最初の仏教書『いのち尊し』は、このような、宴会の席で出会った一女性の質問が縁となって、こうした平素、仏教と深い関わりをもてないで生活している人びとに、出来るだけ易しく仏教を理解していただきたいという思いから出版されたものでした。この出版を機に、これ以後、加藤は最晩年に至るまで、多くの仏教書を刊行いたしますが、いずれも、このときの思いの連続版として書かれたものです。また、この文章の最後の部分に「素人には素人の言葉が……」とあるように、加藤はこの本の中で、あくまで自分は仏教の素人にすぎないのだという立場から語りかけていますが、この姿勢も終生変わりませんでした。あとで紹介しますように、加藤はものすごく仏教を勉強しておりまして、仏教に関して非常に深い知識と洞察力をもっていたと思われますが、それでいながら、学者風に仏教を説き聞かせるのではなく、自分が学んで感じたままの仏教の教えを讃嘆し、共に仏の光を仰ごうという姿勢で語りかけているところに加藤仏教書の最大の魅力があると私は思います。

加藤の仏教書には、他の多くの仏教入門書に比べて、温もり、平易さが感じられる部分が多いような気がしますが、それはこのことと無関係ではないと思います。興味を感じられた方は、一度読んでみてください。ただし、平易に書かれているからといっても、あくまで信仰に関わることですので、科学的に説明できる部分とそうでない部分とがあり、著者の言葉にどう感応するかが問題でして、一度読んだからそれで仏教がすんなり理解できるというものではありません。逆に、著者の言葉が納得できないことに、うんざりすることも少なからずあるでしょう。しかし、宗教書の場合は、芸術書や文学書と同じく、著者の言葉に同感できず、反発を感ずる部分があっても、それだけで価値判断をくだすのではなく、なにかひとつでも心に残るものがあればもうけもの、というくらいの広い気持で読むことが大事なのではないでしょうか。

とかく仏教書には、やたらと難解な専門用語を並べ立てて、なにが書かれているのか、まったく分からず、腹立たしさ以外に、心に残ることはなにひとつなく、ガッカリした経験が私にはたびたびありますが、それらに比べると、この本は、はるかに親切に、親しみやすく書かれているように私は思います。

「卑下慢」と「増上慢」

では、この本から私はなにを学んだのか、それにつき、一、二述べておきましょう。

若いころ、この本を読んで一番印象に残ったのは「卑下慢」について書かれた部分でした。加藤は、念仏が申せないのは思い上がり＝驕慢があるからであるが、その驕慢には、増上慢と卑下慢の二つがあると説きます。増上慢が悪いことはよく分かりますが、卑下慢という驕慢があるとは、思ってもみなかったことで、驚きでした。「自分はなにもできない。だからなにもしない」は、卑下しながら、自分の責任を回避している、とんでもない驕慢だと加藤は言うわけですが、そう言われてみると、私自身、無能、不器用、訥弁を理由に、なすべきことを怠っていながら、自分の怠慢を反省することもなく、平気で暮らしている傲慢な人間であること、間違いありません。加藤は、「わたくしを念仏に誘ってくれたおしえの第一歩は、この卑下慢であったようです」と書いています。私は、恥ずかしながら、まだこの加藤の境地からは遠い世界をさまよっている身ですが、ただ、『いのち尊し』を通して、卑下慢に気づかされたことは有意義なことだったと感じています。

ところで、その後になってさらに気づいたことがあります。それは、私は自分が卑下慢であることは加藤の書物を通して痛感したものの、増上慢とは無縁だと思っていたのでしたが、それはとてつもなく大きな錯覚であったことに気づいたことです。卑下慢ではあるが、増上慢ではないと勝手に決めつけていた自分の態度こそ、まさに増上慢そのものです。他人から軽蔑されたり無視されるとすぐにカッカするのは、心の底に増上慢がうごめいている証拠でしょう。私における卑下慢は、増上慢の裏返し以外のなにものでもなく、私はその両方をもった驕慢人間そのものです。

驕慢についてはまたあとで申しますが、本来、この卑下慢、増上慢を脱することは、滝修行や回峰行などの荒行に比べるとはるかに易しいことで、日常生活をしながらも、その気になればだれにでもできるはずです。にもかかわらず、それをしないで、仏教からみずからを遠ざけているのが現代社会の大半の一般人なのですが、加藤が「実は自分も若いときはそうだった」と告白しながら、読者も少しでも早くその泥沼から脱却して欲しいとの思いから書いたのがこの一文のようです。

「還相廻向」

いまひとつ、近親者を亡くした人に対して、本書で加藤が「還相廻向《げんそうえこう》」という仏語を使って、慰めていることについて述べておきましょう（「哀悼」の項）。「還相廻向」とは、「教行信証」に見える言葉で、「浄土に生まれた人が、仏の大慈悲によってこの世にかえって、迷える人びとを救う」という、親鸞教学におけるきわめて重要な教えですが、加藤は、これは「愛するひとを失ったものには、身をもって体験できる境地です」と言います。その根底には、「世のひとは、死を永眠などともうしますが、死こそは、じつは永生なのです。生命の根源にかえる、これを死というのです。なつかしい言葉でいえば、ふるさとへかえることです」という死生観があるのです。そして、故郷へ帰った死者からの働きかけによって、「あなた（と亡き人と）の愛はますますふかく、いよいよ浄化されてゆく」と説きます。

ところが、「還相廻向」には、これとは違う解釈をする学者も少なくありません。その人たちは、死後に浄土に行き、再びこの世に還ってきて迷える人びとを救うのではなく、現世において信心を得て（正定聚不退）、そのときから人びとに働きかけるのだというのです。したがって、そこでは死者との対話などということは考えられないのです。どちらの解釈をとるべきかで、学者の間で論争されているところですが(註)、ここで私は、最近読んだ末木文美士著の『哲学の現場——日本で考えるということ』という本を思いだします。

この本では、親鸞に深い関心をもっていた哲学者田辺元（一八八五〜一九六二）の晩年の思想を取りあげた興味ある記述がいろいろ見られます。それによると、田辺は、一九五・年に妻ちよが死去すると、それをきっかけに死者との実存協同という、まったく新しい独創的な哲学を樹立するに至ったようです。ここでは、その思考過程は省略して、この田辺の

「死の哲学」を踏まえて、著者末木が次のように書いていることを紹介しておきましょう。

（前略）どんなに呼びかけても、言葉で応えてくれることはない。しかし、死者との関係がなくなるわけではない。たとえその姿は視覚によって捉えられなくても、たとえその声を聞くことができなくても、死者は生者に呼びかけ、語りかける。死者との関係は、通常の生きた人同士の関係とは異なるが、まったく断絶しているわけではない。そのことは、身近の親しい人の死に直面した人ならば、誰でも経験していることであろう。

このように、田辺は死者との対話、死者の働きかけを重視しましたし、著者末木もこれを評価しています。しかし、末木によると、死者との関係を積極的に主張した田辺の説は、その後、長い間忘却されたようです。それでも、その後、西洋中世史の研究者として、戦後の歴史学を先導した上原専禄（一八九九～一九七五）は、妻の病死後、「〈死者〉たちと〈生者〉たちとの共存・共生・共闘」の可能性を求めるようになり、「今日の日本社会というものは、どうやら生者だけの世界になっている」と、現代日本人の死生観を批判するに至ったようです。

これらのことに基づいて、末木は、「田辺や上原の死生観は、今後の社会で必ず大きな力となっていくであろう」と書いています。この発言が今後の思想界にどのような反響を呼ぶか、大いに注目したいところですが、末木は、さらにその直後に著した書物『現代仏教論』で、「親鸞の思想の根底には還相廻向《げんそうえこう》ということがありますが、これは、死者が阿弥陀仏と一体になってこの世界に戻り、人々を救うという考え方です。このように、親鸞の根底には死者論があります。死者の力を受けて、はじめて私たちのこの世界での活動が可能となります。それが他力ということです」と、田辺や上原の言う「死者の働きかけ」という考えが親鸞の還相廻向と通ずるものであることを述べています。

加藤から話しがそれてしまいそうなので、この問題にはこれ以上は触れません。ただ、先に申しましたように、還相廻向に関してはこれとは違った解釈もありますが、加藤が右の田辺、上原、末木らの見解と同じ立場であったことだけはご理解いただけると思います。

以上、『いのち尊し』の中でとくに印象深く感じた部分について申してきましたが、私が本書から学んだことはそれ以外にも多々あります。しかし、私だけでなく、加藤の仏教観に共感する人は多かったらしく、処女出版『いのち尊し』は多くの人に読まれ、好評だったようです。そして、これを皮切りに加藤の執筆・講演活動は急激に加速していきました。

註　還相廻向の解釈を巡っては現在も学者間でいろいろと論争されています。その内容についてまでは、ここでは述べませんが、詳しく知りたい人は、たとえば大桑斉『真宗と他者』を読まれれば、論争のおおよその流れは理解できます。本書で大桑は、還相廻向は「われわれ凡夫が浄土に往生して再び娑婆に帰って衆生済度を行う」という考えは誤りであるとする人びとの学説を、「一切の有情は、みなもって世々生々の父母兄弟なり。いずれもいずれも、この順次生に仏になりて、たすけそうろうべきなり」という歎異抄その他の史料から鋭く批判しています。非常に説得力ある論で、私も大桑説に賛成で、親鸞教学の真骨頂は、こうした死生観をもっていたところにあると考えています。

そして、これがあるからこそ、親鸞教学によって終末ケアに当たろうとする運動にも大いに期待がもてると思っています。たとえば、仏教者として終末期医療の問題に取り組んでいる鍋島直樹は以下のように記しています。

（前略）浄土教では「還相廻向」の思想を説く。亡き人は浄土に生まれて仏となり、再び娑婆世界に還って、遺族の心の道標になるという意味である。真宗学者の金子大栄は、この死を超えた慈愛について、次のように表現している。

　思い出に還り来る祖先はみな仏となりてわれらを安慰せらるる。さればわれわれもまた仏となりて後の世の心に現れよう。和やかなる光となり忍びやかに窓に入り、涼しき風ともなりて声もなく室を訪れるのである。その時には形もなく名もなければ、煩はすこともなくして自在に有縁を慰め、知らるることなくして無碍にその人を護ることができよう。想ふだにも快きことである（後略、金子大栄「歎異抄領解」）。

　このように、亡き人は過去の思い出の中だけに生きているのではない。現在と未来にも生き続けている。人は死別の悲しみを縁として、亡き人の心を知り、残された人々が今はなき愛する人に学ぶことができるだろう（鍋島直樹「死と慈愛――源信・法然・親鸞における死の超克」『死と愛――いのちへの理解を求めて』）。

　右の引用文を読んで、こんな考えにはとてもついていけないと感ずる人も多いでしょう。しかし、先の田辺、上原、末木らの言葉を考慮しながら読めば、この文章で言わんとしていることもあまり抵抗なく受け取れるのではないでしょうか。私はそう思うのですが、みなさんはいかがでしょうか。

3　宗教学者岸本英夫批判

岸本の遺稿「わが生死観」

『いのち尊し』をはじめとして、加藤の著書がいずれも非常に穏やかな筆致で書かれていることは、読者ならだれでも知っているところです。その文章だけからでも、加藤の穏和な人柄がわかるような気がします。

ところが、その加藤が一度だけ、厳しく他人の批判をしたことがあります。それも、批判の相手は、超大物宗教学者の岸本英夫です。岸本は、当時、東大の宗教学教授で、その道の泰斗として世間的にも有名な学者でした。

その大物学者を、なぜ温厚な加藤が批判したのでしょうか。この件については、『在家仏教』四百号記念臨時増刊号（一九八五年）に「念仏のこころ」と題して載せていますので、これに基づいて、説明いたしましょう。

昭和三十年代前半ころのことかと思われますが、ある朝、加藤は岸本のラジオでの放送を聞いて驚きました。というのは、岸本が仏教にも浄土教という、キリスト教のような派があり、キリスト教の天国とおなじような極楽と称するものが西方十万億仏土のかなたにあり、そこに阿弥陀仏という仏がいて、死んだらそこへ行くという説法をするんだと話していたからです。東大の宗教学教授たる人が、このように浄土教を固定的に言ったのでは困るので、このことを、東京外大の増谷文雄に話したところ、増谷は岸本にその旨を伝えました。すると、岸本は「それはおれがかんちがえをしていた。わかった」と言ったそうです。それで、一件落着かと思っていたのでしたが、そうではありませんでした。

というのは、その後、岸本が皮膚ガンで壮絶な死を遂げ、その葬儀の席で遺稿「わが生死観」が会葬者全員に配られ、それが大きな反響をよんだのですが、その文面にまた加藤としてはどうしても容認できないことが書かれていたからです。

岸本は、それより約十年前、アメリカ滞在中に皮膚ガンの宣告を受けました。これには、さすがの宗教学者も「心も狂わんばかり」の衝撃を受けて帰国しましたが、以後十年間に七回も手術をするという、大変に苦痛な日々を送りました。しかし、岸本は、死は自分ではどうにもならないことなので、死ぬまで働くことだと覚悟をきめ、渾身の努力をもってもろもろの仕事に当たりました。また、「死とはけっきょく別れではないか、さようならすることだ。しからばじぶんはきょうからさようならの稽古をしよう」と、つねに「さようなら」を実際に言葉に出して練習したそうです。そうした生命飢餓状態を記した「わが生死観」が公表されたのでした。

「あなたはどこからきたのか」

この岸本の「わが生死観」について加藤が書いたのが次の文章です。

（前略）しかしながら、この「わが生死観」にはまことに苦悶せられ、悩まれたことが告白してあって、なるほど極楽を信じ天国を信じられたならば、わたくしはどんなにかしあわせかとおもうとあります。いま癌を宣告されておるこのわしが、もし天国あるいは極楽を信じえたならばどのように幸福かわからぬ。それでもわしは信じられない。しかしわしはこの信じられないことを喜ぶ。わが知性の強靭さにわれながらあきれておる。そして、満足しておる。そのように書いて亡くなられました。

このように書いた加藤は、最後まで信念を貫いた岸本の誠実さと勇気に心から尊敬の念を抱いたようです。それでいながら、すでに亡くなっている岸本の言葉に敢えて批判の言葉を投げかけたのは、どうしても譲れない言葉があったからでした。岸本が死を前にして書いた文章、つまり、天国、極楽をどうしても信ずることができないという思いは、現代知識人の大半がもっているところで、だからこそ「わが生死観」が大きな反響を呼んだのでしたが、加藤は、その知識人たちが共有している考えを、仏教的立場から批判せずにはおれなかったのでしょう。

それは、「わが知性」という問題です。それがなぜ問題なのか、加藤の仏教観を知るうえで重要な部分なので、加藤の言葉から考えてみましょう。岸本によると、「わが知性」に絶対的信頼をおいているが故に、死後の世界なんて考えられない、だから死は「別れ」、「さよなら」を言う以外にないということになるのですが、加藤は、その「わが知性」というものが、それほど信頼できる絶対的なものなのかと、岸本および知識人たちの思想基盤そのものに疑問を投げかけたのです。科学を万能視している現代知識人に、発酵学という最先端科学を担う加藤が反論したのだから、大いに興味あるところです。加藤はまず次のように問いただします。

わが知性ということがわたくしにはひじょうに問題になるのです。あなたはわが、わがとおっしゃるが、岸本先生それ自身というものは何でしょうか。ほんとうの真実なる、これこそ岸本英夫であるというものは何でしょうか。それをわたくしは聞きたかった。なぜならば、仏教の諸法無我、あるいは諸行無常の道理をわたくしはほんとうに誤りのない道理だと確信をいたしておるのですが、その確信からいくと、わが知性のわががそもそも問題になるとおもうからです。

ここからわかるように、加藤は、科学によってではなく、仏教的思惟によって宗教学者岸本を批判しています。ただし、その仏教の諸法無我、諸行無常の道理は現代科学に照らしてもけっして矛盾するものではないことを加藤は確信しています。だからこそ、臆することなく批判したのでしょう。

次いで加藤は、岸本の来世についての考えに迫ります。それは、岸本が「死んだあとのことばかり」考えて、生まれる以前のことをまったく考慮していないが、人間はそれぞれこの世に出てくるまでに無限の過去があり、無限の因縁和合の結果として現在の自分があることに思いをいたせば、死によってすべて消滅とは考えられないと言いたかったからのようで、次のように書いています。

岸本先生は極楽を信ずることはできない。したがって来世を信ずることはできないとおっしゃるのですが、わたくしは逆にそれでは、後のことはわからぬとしても、あなたは、いったいどこからおいでなさいましたか、と聞きたいのであります。そして、それをほんとうにおかんがえになったかどうか。死んだあとのことばかりかんがえていらっしゃるように見受けられるけれども、生まれない先をかんがえてごらんになったことがあるか。わたくしには死んだあとよりは生まれないときのことの方が深い思惟をあたえてくれる。

人間それぞれ無限の過去をもってこの世に生を受けたという思考は、科学的にも肯定せざるを得ない事実ですが、現代知識人はそのことには無頓着に生きています。しかし、仏教を学んだものならこれは当然考えるところで、そこからまた、知識人とは異なった来世観も開けてくることを加藤は訴えたかったのでしょう。

ここには、「わが知性」が妨げとなって、仏法を聞く耳をもたない現代知識人の空虚さが見事にあぶり出されているように思えます。われわれの生は、この世に出た日から始まったのではなく、それぞれに無限の過去をもっている、それに気付けば、岸本のように単純に「死はけっきょく別れ」とはとても言えないということでしょう。

では、無限の過去をもってこの世に姿を現したわれわれは、死によってどうなるというのでしょうか、それについて加藤はここでは書いていません。しかし、「過去がある以上、未来もあり、過去が無限であるように、未来も無限」であり、先に『いのち尊し』のところで述べたように、「生命の根源」、「ふるさと」へ帰るというのが加藤の考えのようです。

岸本の来世観について、加藤は、まだまだこれ以外にも多くの紙数を使って丁寧に説明しているのですが、いま引用した部分からだけでも、偉大な宗教学者岸本の死生観よりも、一実業家加藤のそれの方が、私には親しみやすいような気がします。

Ⅳ　仏教観

はじめに

加藤の仏教に対する考え方について、いくつか取りあげ、検討してきました。それが学問的に正しいかどうかについて、私は近世仏教史学が専攻で、仏教学、真宗学が専門ではないので、教学的是非を論ずる資格はありませんが、私の感じでは、従来の学説から大きく逸脱しているものではけっしてないと思います。ただ、同じ教団内でも解釈を巡っていろいろ対立があるし、なかには原理主義的な傾向の強い学者もいますので、非を称える人もあろうと思います。しかし、それがあるにしても、加藤の仏教観には、仏教学、真宗学を考えるうえで示唆に富む鋭い指摘が随所に見られるのは事実でして、これから仏教を学んでみたいという人にとって参考になる部分は多いと思います。そこで、加藤の著作を読んで、私が印象深く感じたその仏教観について、以下にいくつかあげておきましょう。

1　原始仏教との関係重視

諸宗はみな原始仏教の一展開

加藤の仏教書では、原始仏教（釈迦仏教）から掘り起こして叙述し始めることが多いのがひとつの特色といえましょう。釈迦の説いた原始仏教の四諦八正道、縁起の法からはじめて三法印、すなわち諸行無常、諸法無我、涅槃寂静といったことを説明し、それを基礎にして、もろもろの問題に入っていくという手法です。岸本の「わが生死観」を批判したときも、その際に述べましたように、諸法無我、諸行無常なるがゆえに、「わが知性」を絶対視する立場には賛成できないと主張したのでした。

また、日本の仏教についても、原始仏教との関係を重視し、それがもとになって各宗派とも成立したことを常に強調します。たとえば、親鸞や道元の思想もここに源《みなもと》があると考え、次のように言っています。

（前略）わたくしは、この涅槃寂静は、さきに述べました諸行無常並に諸法無我と離れて別にあるのではないとおもいます。一切は変化してやまないと観じ、しかも、その一切は、互に相依り相いたすけて成り立っていることを悟れば、そこに自ら涅槃寂静が感知されるはずだとおもいます。親鸞が不断煩悩得涅槃とうたい、道元が生死即涅槃と教えているのも、そういうことであろうと想像いたします。わたくしは、その境地に立ってはじめて人間のこころはおちつくのだとぞんじます。

（「仏教と実業」『仏教と実業』）

また、加藤は、「わたくしは、禅も念仏もともどもに、原始仏教からきわめて自然ななりゆきで展開されたにちがいないと思います」（「展開」『いのち尊し』続々）とも言っていますが、禅と念仏だけでなく、他の諸宗（天台宗も真言宗も日蓮宗も）もすべて原始仏教の諸要素を内蔵しているという見方をしているのです。

ところで、仏教はそもそも釈迦が開いた教えだから、加藤のように言うのは当然だと考える人は、みなさんのなかにも多いでしょう。ところが、そういう見解に抵抗を感ずる人が多いのです。と言いますのは、日本仏教は、インドで成立した釈迦仏教（原始仏教＝小乗仏教）よりも五百年以上も後に成立した大乗仏教の流れを汲むものであるということから、大乗仏教と小乗仏教の違い、つまり「大乗非仏説論」を近代の仏教学者がしきりに強調するようになったからです。

たとえば、念仏の諸宗では、西方十万億かなたの仏土に阿弥陀仏がましますと説く経典によって教学が成り立っていますが、原始仏教ではそういうことは説かれていません。そのため、原始仏教と日本仏教諸宗との関係は、連続面よりも断絶面の方が強調されているのが実情です。

しかし、つい最近、インド哲学の研究者によって、その点を厳しく批判した『仏典で実証する　葬式仏教正当論』という本が刊行されました。著者は、山口県立大学国際文化学部鈴木隆泰教授です。鈴木は、原始仏教の原典の厳密な検討を通して、日本仏教にはさまざまな面で、従来考えられていたよりもはるかに強く原始仏教の要素が存続していたことを明らかにし、「今日に至るまで、両者の間に横たわるギャップを埋める作業や、両者の距離をきちんと測って正しく評価しようという作業が充分になされていたとは言いがたいのではないか」と、これまでの研究の不備を批判しています。

この新学説により、今後、日本仏教における原始仏教の影響を軽視していた従来の視点は反省を余儀なくされると思うのですが、そんな学界の研究動向とは無関係に、専門の研究者でもない加藤が、日本仏教諸宗は原始仏教の一展開という見解を一貫して主張していたことに私は興味を覚えます。そこで問題は、どういう理由から、加藤はそのような解釈が可能と考えていたかですが、それは、加藤の浄土観と関わりのあることです。

加藤は、阿弥陀経に書かれている「十万億の仏土」＝浄土とは、「いわゆる表現」であって、「この世を越えた世界」「苦悩のない平安な世界」のことで、そこは阿弥陀仏という「光限りない、寿命限りない仏のいる、永遠の世界」という考え方に立脚しています。それは、この世の現象はすべて仮のもので、その向こうに永遠の真実世界があるという考えともいえましょう。そして、この阿弥陀仏の世界は釈迦の「心の中の世界」を言い表していると解釈するのです（『阿弥陀経を読む』）。つまり、阿弥陀の教えについて書かれた経典はいずれも釈迦没後に書かれたもので、原始仏教には見られないが、しかし、これこそが原始仏教（すべての人が平等に救われる教え）を説いた釈迦の「心の中」を、一般庶民にもっとも受け入れやすい言葉で表現したものだという見方です。

このような観点に立てば、原始仏教の延長線上に浄土宗も真宗も展開したという説明も成り立つというわけです。同様に、他の宗派もそれぞれに、原始仏教の精神と根っこにおいて繋がっているというのが加藤の考えです。もちろん、これは加藤だけの独自の見解ではなく、そういう見方をする人も以前からいるにはいたのですが、加藤はその少数派の立場に強くこだわり、常にそれを強調したのでした。

ただ、誤解のないように一言申し添えておきますが、加藤はいま言ったように、浄土は地理的に実在するのではなく、「この世を超えた世界」と考えるのですが、しかし、だからといって阿弥陀経の表現を批判しようとする気持は少しもありません。これについてはあとでまた述べますが、念仏を称える身になると、「地理的極楽を抹殺してやるんだというような、りきんだ闘争心などは」「念仏のなかに溶解してしまう」（「西方極楽」『いのち尊し』）というのが加藤の一貫した態度で、阿弥陀経の表現に違和感を覚えるようなことはまったくありませんでした。

それどころか、「『阿弥陀経』は誰にも信心に入る手がかりを与えてくださる経典」として、深くこれを崇め、その解説本の出版を目指して、亡くなる前年の二月から五月まで、月二回、編集者相手に語っていたほどでした。これは結局、加藤の死去により完結できませんでしたが、没後に編集者が速記録を整理して『阿弥陀経を読む』と題して刊行されました。これを一読するだけでも、加藤が阿弥陀経をいかに大切な経典と考えていたかが十分にうかがえます。

現代社会での仏教の存在意義

話が原始仏教から少しそれましたので、もとにもどって話を進めましょう。加藤の原始仏教観について、いまひとつ指摘しておきたいことがあります。それは、加藤は釈迦の説いた教え＝原始仏教は、いつの時代にも通用するもので、近代科学の立場から見ても矛盾しない教えであることを確信し、それを常に力説していたことです。釈迦が説いた縁起の法則（十二因縁）および四諦八正道を根本道理とする原始仏教が、現在も科学的に説明可能な教えであることは広く知られているところです。しかし、現代人は原始仏教にあまり興味を示しません。それは、先に述べたように、日本仏教は原始仏教とはほとんど無縁だったという考えが常識化しているからでしょう。

しかし、原始仏教と日本仏教の関係を重視する加藤は、原始仏教には近代科学と矛盾しない要素が多々あることに強い関心をもち、そこに力点を置いて仏教を説きます。そして、その原始仏教の精神を内蔵しながら成長した日本仏教の諸宗もまた、現象面はともあれ、本質的には、科学と敵対するものではないこと、したがって、どの宗派もそれぞれに近代社会においても存在意義があることを主張したかったようで、次のような言い方もしています。

禅をよろこばれるかたは、黙って坐ってください。妙法蓮華経をよろこばれるかたは、どうぞ「南無妙法蓮華経」を唱えてください。浄土門のかたは、ひとすじに念仏してください。天台、真言、法相、華厳等、それぞれ有縁の行を実践してください。そのいずれをおえらびになりましょうとも、詮ずるところは、仏・法・僧の三宝に帰依することにほかなりません。そして、それはそのまま釈尊に帰依することでございましょう。わたくしたちは、めいめいの縁によって、いずれかの宗派に属していますが、じつは、その宗祖をとおして釈尊に帰一しているのです。

(「有縁の法」『いのち尊し』続々)

ここに書いているように、加藤はすべての仏教を肯定する立場をとったのでした。ただし、自分自身は、終生親鸞を信奉し、念仏に生きたのでしたが、それは、自分のような愚かなものにとってこれしかないという考えに至ったからでした。これについては、あとでまた述べます。

2　「ほのかに感ずる」教え

「わかったことなど何ひとつない」

昭和五十七年五月、つまり没する一年三か月前、加藤は「一生聞法」と題する随筆の中で、次のようなことを綴っています。

私もはや八十三歳を迎えました。初めて仏教のおはなしを聴聞してから、すでに六十年を経ました。しかし、仏教については、ただその底の知れないことを感ずるばかりで、わかったことなど何ひとつないのです。でも、わからないままで、しかも信ずることは可能なようでございます。そして、現に私は、不可称不可説不可思議のままでお念仏を称えているのです。そして、その道は不可称不可説不可思議のままで涅槃につうじていることが信じられてくるのでございます。ただ念仏ひとつだなと、しみじみ感じられるのです。でも、それはわかったということではなく、実際においては、もっと聞きたい、もっと聞かねばならないとなるばかりです。
（「一生聞法」『一字の力』）

この文章を読んで、奇異に感ずる人も多いでしょう。六十年間も仏教を学びながら、「わかったことなど何ひとつない」とはどうしたことか、また、「わからないままで、信ずることは可能なようでございます」とはおかしいではないか、「そんな人間が仏教書を書くとはおこがましいではないか」と思う人も少なくないでしょう。

しかし、加藤はこの態度をつねにもち続けました。たとえば、次のような言葉も見られます。

いつもおもうしあげておりますように、私は仏教の門前にも達していないものでありますす。それでも、そのわたくしよりもまだあとからついてこられるかたがあるのですから――あなたもその一人――せめてそのかたがたのために、門の方向だけでも指してあげたくおもうのです。
（「神と仏」『いのち尊し』）

また、次のような言い方もしています。

釈尊が、私たちに、一体何をおしえようとしてくださったか、今やっと気づかしていただきました。いや、本当は、まだ何もわかっていませんが、しかし、釈尊の、人生を渡る大導師にましましましたことには、一点の疑いを持ちません。

（「慈航観音」『一字の力』）

これらの言葉からも感じ取れるように、加藤はつねに自分は仏教がわかったという態度はとりませんでした。人によっては、これに不満を感じた人もあったかもしれませんが、しかし、私にはこの態度にも加藤らしさが現れているよう思われます。

そもそも、唯一絶対の神や原理を大前提とする宗教と違って、多神教の仏教では、「八万四千の法門」と言われるように、経典も多種多様で、経典の言葉そのものが絶対的真理ではありませんので、他宗教とは理解の仕方も本質的に異なっているはずです。そのへんのことは、先に述べた鈴木の本からも窺えます。

この本では、仏教には「応病施薬」という言葉があるように、仏教における教えとは、いわば医師が患者の様態に応じて施す治療、薬、処方箋のようなもので、仏教の真理の境地である涅槃・覚りは、この「譬喩」における「健康」に相当すると言い、次のように述べています。

いかにブッダ（医師）であろうとも、迷える衆生（患者）に与えるのは、涅槃（健康）そのものではなく、説法（治療、処方箋）なのです。このことからも、仏教における教えとは真理（涅槃）そのものではなく、涅槃という真理に至る手段であることが分かるでしょう。

（『仏典で実証する　葬式仏教正当論』）

このような観点から、「初めに言葉があった。言葉は神と共にあった。言葉は神であった」（「新約聖書」）を引用しながら、キリスト教やイスラム教などの天啓教では、「神のことば＝真理そのもの」であるのに対し、仏教では、「釈迦のことば＝真理に至る手段」という解釈をされています。

この説明に私は大変興味を感じます。ここからもわかるように、仏教では、ことば（経典）は真理（涅槃）そのものではなく、それに至る手段（薬、処方箋）ということになります。したがって、患者の様態に応じてさまざまな薬、処方箋があるわけですが、そこから、われわれ患者側は、健康そのものの内容は十分には理解していなくても、その薬、処方箋によって健康になることができると同様に、ことば（真理）の内容は十分には理解していなくても、説法に導かれてその世界に至ることができるはず、という解釈が可能となってきます。

もともと仏教は、苦からの脱却が主で、本来、教義よりも、あくまで脱執着、生死解脱の実践を優先すべきことを説く教えであることはよくいわれているところです。それを鈴木は、うまい譬えで説明しているのですが、これらを合わせ考えると、加藤の「わかったことなど何ひとつない」という言っていることもうなずけるような気がしてきます。そこには、謙虚さと同時に、「神のことば」が「真理そのもの」であって、そのことを理解できないものは近づけないという宗教に比べて、仏教は自分のような下品下生のものでも安住できる宗教であるという、加藤の思いがあったのではないでしょうか。

それはともかくとして、以上からもわかるように、仏教は、教義を完全に理解していなくては前へ進めないというものではなかったはずです。ですから、親鸞の場合も、仏教が理解できたというような態度はまったく見られません。それどころか、次のようにさえ言っています。有名な「歎異抄」の文章です。

念仏するということは、まことに浄土へ生まれる因《たね》であるか、それとも地獄へおちる原因となるのか、私はちっとも知らないのです。もし万一、法然上人にだまされて念仏して地獄におちたとしても、さらさら後悔することはありません。なぜなら、ほかの修行でもはげんだら、さとりのひらけたものを念仏したばかりに地獄へおちてしまったとでもいうのなら、「だまされて」という後悔もありましょう。が、どんな修行もつとめも到底およびもつかないこの身にとっては、地獄は、のがれることのできない棲家《すみか》なのです。ほとけのお約束が真実であるなら、釈尊の教えに嘘はありません。釈尊の教えがまことなら、善導の説かれたところに嘘はありません。善導のお説がほんとうなら、法然の仰せもそらごとではありません。法然の仰せがまことなら、親鸞の申すおもむきもまた、空しいこともないのではありますまいか。詮じつめたところ、私の信心はこういうものです。

（意訳「歎異抄」第二章『実践・歎異抄入門』）

このように言った親鸞は、教義はどうであれ、念仏なくして救済はあり得ないと確信していたのでしょう。ここでは、教義がわかる、わからないは問題になりません。親鸞が言いたかったのは、それを気にするよりも、仏の光を仰いで念仏して生きて行こうということだったのでしょう。それをあえてこのような言葉で言ったのは、親鸞の周囲には、もっと明確な言葉で、救済の証を示して欲しいという声が強かったからでしょう。しかし、親鸞は、それにばかり執着していたのでは、仏心は遠ざかるばかりなので、良き人の言葉を信ずる以外にないと言い放ったのだと思います。それは、親が自分のためにいくら貯金を残してくれているか、その証拠を確認するまで親心は信じられないという子供がもしいたとすれば、その子はいつまでも親心の有難さを実感できないことを思えば、理解できましょう。それと同様で、確証を得ることばかりにこだわる限り、核心に近づけないというのが仏教の仏教たる所以のひとつでありましょう。

「感応」の世界

右の「歎異抄」の言葉も　そのような気持から出たのでしょう。親心の深さは、万言を費やしても証明はできません。しかし、それはたしかにあることはあります。ではどうしたらそれはわかるのでしょうか。それは「感応」する以外にないというのが加藤の考えです。加藤はこの「感応」という言葉を好んで使います。たとえば、「亡きご主人と遺されたあなたがた母子とのあいだに、他人のしることのできない感応《かんのう》があるのです」（「彼岸」

『いのち尊し』）とも言っていますが、仏心も科学的証明は困難だが、感応することは可能というわけです。したがって、その客観的証明にあくせくするのは、仏教的にあまり意味がないというのが　加藤の立場です。そして、その感応は、自然科学のように「わかった」と断言できるようなものではありません。このようにみてくると、加藤が、仏教について「わかったことなど何ひとつない」と言った気持もよく理解できるのではないでしょうか。

加藤も親鸞同様に、仏教がわかる、わからないよりも、良き人の言葉に感応し、念仏を称え、仏の光を仰いで行くことの方がはるかに大切と考えていたのでしょう。そして、たとえ仏教に熟知していない自分が、それを人びとに説き聞かすことをしても、それはいっこうに仏道に反する行為ではない、それどころか、これこそが親鸞思想の実践と確信し、行動するに至ったのでしょう。「わかったことなど何ひとつない」の言葉の背後にはそういう加藤の気持があったと私は解するのです。そこには、念仏を信じ、それを広く伝えたいという、加藤のなみなみならぬ思いがあったにちがいありません。それだけに、「それはわかったということではなく、実際においては、もっと聞きたい、もっと聞かねばならない」となるのでしょう。人間的に誠実であればあるほど、そうなるはずです。

最晩年まで「わかったことなど何ひとつない」と謙虚に語っていた加藤ですが、では、仏教に実際にはどういう態度で臨んでいたのか気になるところです。ただ「わからない」だけでは、なんら説得力もありません。さりとて、「わかった」とは、口が裂けても言いたくないような態度です。そこで思い出されますのが、一九七七（昭和五十二）年に金子大栄著『光輪鈔』が刊行された際に加藤がその「あとがき」に、金子の生前の言葉に「雲の如く、遙かに照らしてほのかに感じられる。これに依りて私たちは、かえって有無の実体思想を離れて平等覚に帰することとなる」とあるのを引用しながら、「先生は、いつも、この『ほのかに感じられる』ということをおっしゃいました。そのお姿が今でも眼に浮かびます」と記していることです。「心の師」と仰いだ、この金子の言葉を加藤がいかに重く受けとめていたかは、この一文からだけでも十分に察せられますが、金子はたしかに、仏教が「ほのかに感じられる」ということをしばしば強調しています。次もその一例です。

　要するに仏とかお浄土とかは、何か知らぬけれどもほのかに解る、仏の心といふものは、いつでもほのかに夢のやうに感ぜられるものであります。もし仏があるといふことがはっきり解る、といふことを言ひ出したならば、世の中の常識者は、あの人は非常な信者である、といふかも知れぬ。近頃流行りの宗教見たやうに（マヽ）、神様を見たなんどいふと、余程えらいやうに思ひますけれども、それは全く真実の境地を知識化しているのであります。純粋のまこと心から申しますれば、本当の神のお心や仏のお心は、何か自分にもほのかに解る、といふところでありませう。そしてそのほのかに解るといふ所が、寧ろ信心深い心持であります。あの人は信心深いといふことは、私ははっきり解りました、といふことでなくて、何か私のような人間にも、ほのかに解るやうな感じがします、といふところにあるのです。

（金子大栄『人・仏』）

仏心が「ほのかに感じられる」という金子の表現には、現在でも抵抗を感じている教学者は少なくありません。しかし、加藤はこの言葉に強く心をひかれたようです。だからこそ、「光輪鈔」の「あとがき」に、金子がこの言葉をしきりに言っていたことをわざわざ記したのでしょう。そこには、この言葉こそ、仏心に感応した人の言葉としてふさわしいと感じていたように私には思えてなりません。

そして、自分でもこの言葉をつかっていました。実は、「光輪鈔」が刊行されたのと同じ年に防府で私ははじめて加藤の講演を聴いたのでしたが、そのときも、「ほのかに感じられる」という表現をなんどか耳にしました。そして、その言葉を通して、加藤の人柄に、他の説法者には感じたことのない温かみを感じたことを記憶しています。仏法をすべて知り尽くしたかのような態度で雄弁に語る説法者よりも、トットツと話し、「ほのかに感じられます」と言う加藤の方にはるかに誠実さ、人間的魅力を感じたのでした。

3　帰る教え

「死んだらどこへ行くのか」

今から四十年ばかり前のことです。たしか司馬遼太郎の随筆で読んだのだと思いますが、アフリカ探検から帰った人から聞いた話として、次のようなことが書かれていました。日本の探検隊員たちは、調査の際に現地人と一緒に生活し、彼らと親しくなりました。すると、彼らは、日本人の使用している通信機その他の器具の優秀さに驚嘆し、その構造や使用方法についていろいろと質問するようになりました。そして、それに対して日本人が懇切に説明をすると、みんないちように喜び、日本人の頭の良さにほとほと感心したようです。ところが、あまりにも日本人の素晴らしさに驚いたかれらは、日本人なら何を聞いても知っていると思ってか、一人の男が「人間は死んだらどこに行くのか」と質問しました。すると、それまで得意になって話していた日本人はだれも返答ができず、ただ茫然とするばかりだったとのことです。

この話、日本知識人の宗教に対する無関心さが見事にバレたことを物語るもので、この記事を読んで笑うに笑えぬ思いをした人は多かったことでしょうが、みなさんはどうでしょうか。「仏教では、死んだらどこに行くのか」と尋ねられたら、どう答えればよいのでしょうか。難しい質問ですし、自分でも迷っているから、はっきり答えられないという人が多いでしょう。それはそれでかまいませんが、ただ、それに関しては、こういう考え方がある、それに対して自分は、この点で賛成、あるいは反対だというくらいのことが言えるようになって欲しいものです。そして、その賛成、あるいは反対の死生観を踏まえて、人生に対する思考力を豊かにしていくことが大切なのではないでしょうか。

ところが、仏教の解説書を見ましても、死後のことに関しては、意外に記述が少ないのです。仏教は生死解脱の道を説く教えと言いながら、死後の問題を扱うことが少ないのはおかしいと思う人も多いでしょうが、それには理由があります。

それは、釈迦自身が死後どうなるかという問題を論ずることを否定していたからということです。というのは、釈迦が目指したのは、死後＝来世ではなく、この世において覚者

（仏）となり、自分を責めさいなんでいる苦悩や不安から解放されて、自由と安心を得ることであって、死後の世界や霊魂の有無を考えることは不要であるという考えをもっていたからと言われています。

しかし、人びとの苦悩は、死後についての考えが定まらぬ限り、除去されるはずはありません。そのため、その後、仏教者たちは、釈迦思想の流れの上に「空」という思想を生み出しました。「色即是空・空即是色」の「空」です。そして、それに基づいて「生死一如」の考えが生まれ、死後についてもさまざまな見解が見られるようになりました。だが、原始仏教との整合性が不十分で、来世観も種々雑多でした。仏教解説書に来世観の叙述が少ないのもそのへんに一因があるのでしょうが、加藤はこの問題についてどのような考えをもっていたのでしょうか。これに関しては、岸本英夫の「わが生死観」を批判したところで少し述べましたが、もう少し加藤の言葉を追ってみましょう。

人生＝旅

加藤は『実践・歎異抄入門』という、「歎異抄」を実生活にいかに活かすべきかを検討した本で、次のように書いています。

仏教の世界における死は、私たちが通常考えている生物学的な死とはいささかことなる。仏教では、肉体でさえも阿弥陀如来からの授かりものという考え方をするので、それは仮の命である。

もし、加藤辨三郎という肉体が消滅したとしても、それは仮の命が死んだにすぎない。真の命は、仮の命の死と同時に、真如の世界にはいっていく。死の際がどんなに醜いものであっても、生物学的死の瞬間から、そこは浄土になるというのが仏教的な死の考え方なのである。

ということは、本来、死はちっとも怖いものではないはずである。ところが、そうはいっても正直なところ、矢張り怖い。

この短い文章の中からだけでも、加藤の考えがいくつか読み取れます。まず、生物学的な死と仏教の世界の死とを明確に区別して考える立場、つまり、科学の領域と宗教の領域とを峻別すべきことを明示しています。加藤は、経典上の表現（浄土の存在など）を、科学的真実であるかのように説き、そうでなくては仏教が成立しないかのようにいう立場を否定し、科学は、科学の限界を認めることがもっとも科学的であるという姿勢を崩しませんでした。ここでもその科学的姿勢が見られます。ですから、霊魂については、いっさい述べていません。老衰死しようが、早死にしようが、死に方がどんなかたちであろうと、生物学的死の瞬間から、そこが浄土の世界になるというのですから、霊魂が彷徨する余地もないということでしょう。

それにしても、現世の命が仮の命であるという教説の根底にはどのような考え方があるのでしょうか。思うに、現世の前には無限に長い過去世が、そして現世の先にも無限に長い未来世があり、その間の短い現世がわれわれがいま生きている世界であって、それは、過去世と未来世の間に、この世に仮に出てきて旅をしているようなものと解することができるのではないでしょうか。旅であればこそ、帰る世界があり、それがあるからこの世を仮の世と考えることができるのでしょう。一度限りの自分の人生を旅とみなすことに抵抗を感ずる人もありましょうが、一度限りだから人生は旅であり、だからこそ尊いと感ずることもできましょう。

人生を旅とみる考え方について、ここでは加藤の「心の師」金子大栄の言葉をあげておきましょう。

私は常に申すんです。浄土は生の依るところであり、死の帰するところである。それを自覚すれば生死というものに場（浄土）ができたということになるのであります。帰依の場がみつかったということは、言い換えれば、動きつつある人生が旅であるということになる。旅というものには山あり、河ありだが、郷里があるんです。やがては郷里に帰るんだというものがあって旅というものがあるんです。人生もやがては帰る郷里――浄土――があるということです。そうなると旅の人生が大事なものになるのです。

（東昇『心――ゆたかに生きる』法藏館、一九八〇年）

これは、電子顕微鏡の研究、電子顕微鏡による微生物学的研究等で多大の功績をあげ、かつ熱心な親鸞信奉者でもあった東昇京大医学部名誉教授との対談で語ったものです。ここには、人生はやがて故郷へ帰る旅であり、死は故郷への帰着という考えが見られますが、人生は加藤が言うように仮であるから、これを旅とも考えることができるのでしょう。

金子のこの言葉を受けて、対話相手の東は次のように言っています。

作家高見順の詩集『死の淵より』の中に〝帰る旅〟というのがあります。「この旅は自然へ帰る旅である。帰るところのある旅だから楽しくなくてはならないのだ。大地へ帰る死を悲しんではいけない。肉体とともに精神もわが家へ帰れるのである」というのです。（同右書）

高見順がどういう宗教観をもっていたのか知りませんが、宗教的に味わい深い詩といえるのではないでしょうか。加藤もこういう心境だったと思います。

修学旅行に我が子を送り出した親は、ゆっくり楽しんで帰ってくることを期待するでしょうが、それでも途中で病気になって早く帰るようなことがあれば、早く帰ったからといって怒る親はいません。目的を達することもなく早帰りし、残念がって泣く我が子に一緒になって涙するのが親心でしょう。

旅では早く帰るものもいれば、遅く帰るものもいます。人生も短命の人もあれば、長命の人もあります。しかし、旅であれば、いつ、どこで、どんな死に方をしようと、帰るところがあり、落着いて生き、落ち着いて死んでいけるという考え方も成り立ちましょう。

播磨の禅僧盤珪（一六二二〜九三）の作とも伝えられている歌に、

父母によばれて仮に客に来て

心のこさず帰る古里

というのがありますが、これも現世＝仮（旅）という考えが根底にあって生まれた歌でしょう。

「歎異抄」の手法

ところで、加藤は先に申しましたように、「生物学的死の瞬間から、そこは浄土になる」という仏教的死生観を得れば、「本来、死はちっとも怖いものではないはずである」と言いながらも、「ところが、そうは言っても正直なところ、やはり怖い」と、正直に言っています。このように正直に思いを吐露するところに加藤の魅力のひとつがあるのではないでしょうか。「死は怖くはない」と平然と言い放つような人は別人種のような気がして、私はとてもついていけません。では、「怖い死」に加藤はどう立ち向かおうとしたのでしょうか。

加藤は、死の恐怖にうろたえる「人間の愚かさを救うために、本願を立ててくださっているのが阿弥陀如来だと親鸞聖人は教えてくれる」と言います。そして、熱心な仏教者の中には、ガンの宣告を受けながらも、明るく生き、淡々とした態度で死を迎えた人のあることをあげ、深い仏教信仰によって、死の恐怖を克服できるであろうと述べています。しかし、まだまだ自分のような程度の信仰者には、その本願を信じきることができないことを告白しています。ならば、本願を信じきることのできないものは、いつまでも不安がつきまとい、明るい生き方はできないのでしょうか。実はこれについては、親鸞自身もつねに心配していたところでして、ご存知のように「歎異抄」でそのことを正直に記していります。「歎異抄」の中でも広く知られている第九段で言っていることでして、加藤もこれについて説明しています。

すなわち、弟子の唯円が「念仏をいただいておりましても、急いで浄土へまいりたい気持が起こらないのはなぜでしょうか」と質問したのに対し、親鸞が、「それは、私だって同じ気持だ。理屈では、死ねば浄土に生まれ変わることができるとわかっていても、それが信じられず、死にたくないのが人間なのだ」と答えたことを紹介しながら、加藤はさらに次のように説明しています。

親鸞聖人は、唯円に対して「天に踊り、地に踊るほどに、喜ぶべきことを喜ばぬにて、いよいよ往生は一定《いちじょう》と思ひたまふべきなり」と述べている。念仏を称えて、踊りあがるほどに喜ばなければならないことを、どうしても喜べないという、こういう状態のわれわれだからこそ、ますます往生はまちがいなしと思えという意味である。

つまり、喜ぶべきことを喜べないのも、早く浄土へ行きたいと思わないのも、煩悩具足の凡夫ならあたり前だということである。


多くの場合、加藤の説明は、懇切で、わかりやすいのですが、この部分に関しては、ちょっと釈然としないと感じられる方もあろうかと思いますので、もう少し追加説明をしておきましょう。

「早く浄土へ行きたいと思わないのも、煩悩のある身だから当たり前だ」という言葉だけを聞くと、自分のような煩悩の深い人間はいつまでも死の苦しみから逃れられないのだと思う人も少なくないかもしれませんが、実は親鸞が言おうとしているのは、「弥陀仏の本願は、そのような浄土行きを信じられない煩悩の深い人間をこそ救わずにはおかないというのであるから、心配しなくても死んだら浄土へ行けるんだ」ということです。これは「歎異抄」の本文を読めばすぐにわかることです。しかし、そう言われてもなお「そんな屁理屈にだまされないぞ」と思う人も多いでしょう。

「無限包み込み」論理

そこで、私ごとになりますが、学生時代にある偉大な数学者から、いま問題にしている部分について直々に聞いたことを申し添えておきましょう。その数学者とは、第一回ガウス賞をはじめ数々の賞を受けられ、また金融工学発展のうえで多大の貢献をされたことでも有名な世界的大数学者で京大理学部名誉教授だった伊藤清先生のことです。

私は、学生時代に京都の左京区一乗寺に下宿していましたが、道ひとつ隔てた向かいにその伊藤先生の家があり、一度、庭作りの手伝いをしたことから、先生はじめご家族のかたがたと親しくおつき合いさせていただくようになり、よくご馳走にもなったものです。そんなある日、雑談の中で、私が山口県の真宗寺院の息子であることを申しましたところ、先生が「私は名古屋の八高（旧制第八高等学校）の学生だったころ『歎異抄』を読んだことがあるが、あれは面白い本ですね」と言われました。「どこが面白いのでしょうか」と尋ねると、「死ぬのが怖いのは煩悩のせいだが、煩悩の深いものを救うのが仏だから、心配しなくてもよいと言っているのが実に面白い」と言われました。そして、それに続いて先生がおっしゃった言葉が、どのような表現だったか正確には記憶していませんが、おおよそ次のようなことを言われました。

要するに、「歎異抄」の発想からいくと、「死を怖がるのは煩悩があるからだけれども、その煩悩の深いものを救うのが仏だから、死を怖がらなくてもよい」というわけだが、「そう言われても、その言葉が信じられない」と心配するものがいたとすると、「君はその言葉を信じられないほど煩悩が深いのだから、きっと救われる」というのが親鸞の立場である。これに対し、「そう言われてもなお自分には信じられない」と反論すると、「そこまで言っても信じられないのは、君はよくよく煩悩が深いのだ。だから、救われる可能性がいっそう高いのだ」と説く。すると、言われた方は、「そんな言い方をされれば、ますますもって信じられない」と反論する。すると、「ますますもって信じられないほど煩悩の深い君こそいっそう救済は確かだ」という論法を展開する。このように、いくら「信じない」と言い張っても、「だから救われるんだ」と、際限なく包み込まれる論理構造になっている。「そこが面白い」と伊藤先生は高等学校時代に感じられたようです。これを聞いて、私はなるほど、これは反論するのが難しい論理になっているんだなあと感じると同時に、非凡な人は、高校時代から宗教書を読んでも、眼の付けどころが違うんだなあと思ったのをよく記憶しています。先生は、「面白い」と言われるだけで、これ以上はなにも語られませんでしたが、「歎異抄」に見られる「無限包み込み」の発想に興味を感じられたことは確かなように思えました。少なくとも、これを親鸞の屁理屈と解釈するのではなく、もっと奥の深い思想と感じておられたように私には見受けられました。

伊藤先生は亡くなられる二年前の二〇〇六（平成十八）年に第一回ガウス賞を受賞されたのでしたが、そのとき、多くの新聞が先生の功績をたたえる記事を掲載しました。それを読んで私ははじめて知ったのでしたが、先生は若いころから「不規則で偶然性を伴う現象を数学的に分析する」研究をされていたのだそうです。それが「八十年代に入り、株価など不確実な現象を予測する方法として使われだし、金融工学を飛躍的に発展させた（『朝日新聞』同年八月二四日付社説）とも記されていましたが、考えてみれば、宗教は「不規則、不確実で偶然性の強い世界」をさまよっている人間に生きる指針を与えることを目的とするものです。とすると、高校時代から伊藤先生はそういう方面に関心があり、不確実な死後の問題を独特の論理で説く「歎異抄」の「無限包み込み」の表現にも興味をもたれたのかなという思いが、新聞記事を読みながら、ふと頭をよぎったことでした。

「久遠の昔からの」生命の流れ

話が加藤から大きく離れてしまいましたが、以上のことも念頭におきながら、加藤の文章を読んでいただければ、加藤の気持がもう少し理解しやすくなるのではなかろうかと思います。たとえば、一一〇頁の文章の最後で、前にも挙げましたように、「本来、死はちっとも怖いものではないはずである。ところが、そうはいっても正直なところ、矢張り怖い」と書いています。しかし、「歎異抄」を「自分自身の生活、あるいは企業経営者としての生き方のバックボーン」（『実践・歎異抄入門』）であると言い切るほどにこれに親しんできた加藤は、「矢張り怖い」と言うことは仏教者として少しも恥ずべきことではないと考えていたのでしょうし、また、怖いからこそいっそう「煩悩包み込み」の教えに深く耳を傾けて念仏の生活にいそしんだことと思います。そして、その先には、帰る世界＝浄土が待っていると「ほのかに感じながら」人生の旅路を歩んだのが晩年の加藤の毎日だったと私は想像します。

それにしても、経営者・科学者として近代社会の第一線で活躍していた加藤が、どうしてこれほどまでに仏教に深く帰依するにいたったのか不思議に思う人も多いでしょうから、もう少しそのへんを探ってみましょう。

加藤は、あるとき、講演のあとで、「ある高名な科学者が、人間も死んでしまえば無に帰するだけで、何も残るものはないと言っていたが、あなたはどう考えるか」という質問を受け、次のように答えたことを記しています。

私も若い頃はそのように考えていました。しかし、それは全く驕慢のほかの何物でもありませんでした。みずからのおろかさを暴露したばかりでなく、その考えは科学的でさえなかったのです。死んで無に帰するなら、私たちは無から生じたことになりませんか。無から有を生ずるという事実を科学が証明したことがあるでしょうか。一方で、科学者のはしくれを以て任じていた私が、他方では死んだら無に帰するなどと幼稚なことを言って得々としていたとはなんという恥ずかしいことでしょう。私はいま慚愧にたえません。私のいのちはまるまる如来からたまわったいのちなのです。あるいはしばらくの間、貸していただいているいのちと申したほうがもっと適切かも知れません。私の死はそのまま如来のおいのちに帰らしていただくことなのです。それは科学的証明とはいえますまい。しかし、少なくとも死は無に帰することだとのお説よりはずっと科学的だと私は感じます。私は、いまや『如《にょ》』の世界こそが実在であって、あらゆる現象界は仮の姿だと信ずるのです。念仏の中においてそう信知できると申したほうがもっと真に近いかもしれません。

（「家郷」『日日新たに』）

ここからわかるように、加藤は、仏教を信ずる方が、信じない方よりはるかに科学的であると確信していました。そして、自分のいのちは如来（仏）から賜ったもので、死は如来のいのちに帰らしていただくこと、その帰り行く世界の方が実在で、現象界は仮の姿と解していたようです。この帰り行く世界をここでは「如来」と言っていますが、加藤はこれを次のように、別の言葉でも表現しています。

わたくしたちははじめっから不思議な力によって生かされているのです。自も他もない力です。その力は、いずこをはじめ、いずこをおわりとすることはできません。永遠にはたらきづめの力なのであります。わたくしは、その力によっていまここに仮に現われているのであり、やがて、その力そのものに帰って一味となるにちがいありません。

そこは、見わたす限り一面の他力であり、親鸞聖人はこれを如来の本願力とお受けとりになったようであります。本願海とはそれをいうのでありましょう。

（「われ」『いのち尊し』続々）

ここでは「不思議な力」と表現し、それを親鸞は「如来の本願力」と受けとったと言っています。そして、われわれを生かしてくれているその「不思議な力」＝「如来の本願力」は、「いずこをはじめ、いずこをおわりとすることもできない、「永遠にはたらきづめの力」で、やがて「その力そのものに帰って一味となるにちがいない」と加藤は考えるのです。

また、その「永遠にはたらきづめ」の力について、次のような言い方もしています。

そこには、久遠の昔からの大きな生命のながれというものを感じないではいられません。つまり、わたくしは、わたくし自身のはからいなど到底及ばない不思議な力によってはじめてこの世に生まれでて来たのであります。出生したのではなく、出生させられたのであります。そこには、久遠の昔にさずかっているタネと、そこから出生に至るまでの永い永い時間の間に与えられた恩恵とを考えないわけにはいかないではありませんか。

（「はからいについて」『仏教と実業』）

死んだらゴミになるのか

「不思議な力」＝「如来の本願力」は「久遠の昔からの大きな生命の流れ」を感じさせるもので、自分のはからいなど到底及ばない力によって生かされていることを思わずにはおれないと加藤は考えてるのです。そのことを次のような表現でも言っています。

わたくしたちは、ふだんふかくもかんがえないで、われわれは父母から生をうけたのだとかんたんにおもいこんでいますが、じつは、そのような単純なものではないのです。いま現に、わたくしたちがここにこうしている事実を、しずかにたどってみますと、そこにはどうしても無限の過去を感ぜずにはおれますまい。ところが、過去と未来とは、本来、時間という同質のもので、しかも同一方向にすすんでいるものですから、過去がある以上、未来もあり、過去が無限であるように、未来も無限とかんがえるほかないのです。そして、それをどこで感ずるのかといえば、わたくしたちの身においてのほかにはなく、いつ感ずるのかといえば、現在のこの一瞬においてのほかにはないのです。たいへん、むつかしことをもうしてすみませんが、このみじかい身命のうちに、きわみなき寿命を感ずるところに、宗教の本質があるとおもうのです。

（「身命・寿命」『いのち尊し』）

ここでは、生命の流れは「久遠の昔」（無限の過去）からあるだけでなく、無限の未来につながっていることが強調されています。ここからは「人間死んだらゴミになる」というような考えは起こりえません。また、その「きわみなき寿命」、つまり「限りなき本願力」を現世の短い身命のうちに感ずるところに宗教の存在意義があると言うのです。そして、それは南無阿弥陀仏を称えるなかで感知されると加藤は説くのです。次の資料からも、それは感じ取れましょう。

八十で亡くなった人も、八ヶ月で亡くなった人も、みな如来から賜った命を授かって生かさせてもらい、そして如来の里へ引き取られていったのです。如来の里へ引き取られれば、みな一如平等の仏になるわけです。ですから、おじいさんにしてもおばさんにしても、そのまた反対に逆縁の小さい者に対しても、同じように手を合わせて、南無阿弥陀仏と、われわれは称えています。あれこそが一如平等の世界なのです。

（「加藤辨三郎・言葉抄」『在家仏教』二〇〇四年一〇号）

「死んだらどこに行くのか」という問題について、「行くのではなく、如来の里へ帰るのだ」と説く加藤の考えを知っていただくために、加藤の著書から多くの文章を引用しながら説明してきました。舌足らずの解説でしたが、これで少しでも加藤の言わんとするところがおわかりいただければ幸いです。

ところが、加藤に言わせれば、以上のことを知っただけでは、まだまったく仏教がわかったことにはなっていないのです。なぜなら、仏教は実際に念仏を称えてはじめてその本質がわかるのであって、念仏を称えないものは、仏教がまったく理解できていないといっても過言ではない、というのが加藤のいつも言っているところだからです。では、加藤は念仏についてどう考えているのでしょうか。

4　ただ念仏

無我の実践道

加藤は、念仏についての自分の経験を次のように書いています。

仏教には、念仏というありがたい教えがある。

南無阿弥陀仏――この念仏をほんとうに心からとなえられるようになって、はじめて、仏教の真実心を探りえたといえよう。私も、となえてはじめてそれを知った。私が素直な気持で、念仏をとなえることができるようになったのは、五十歳を過ぎてからでのことである。

南無阿弥陀仏ということが何のことであるか、さっぱりわからなかった。念仏をとなえなくても、教えを聞き、したがっておれば、それでいいじゃないかと思ってみたり、ときには、自分のような汚れた心のものが念仏をとなえるなどは、偽善じゃないかと考えたり、迷いに迷った。仏教の教えはほんとうに良い教えであるということが頭のなかでわかっていながら、どうしても、南無阿弥陀仏が口をついて出てこない。

そうした迷いをぬけきるのに、相当の時間を費やさなければならなかった。迷いに迷い、悩みに悩んでの末、刀折れ矢尽きた思いで、念仏をとなえるようになった。となえてみて、はじめて、念仏が何をおしえていたかということがわかってきた。

この六文字に秘められた仏教の真実心というものが、はっきりわかってきた。念仏をとなえなくても、教えを聞き、したがってさえおればいいじゃないかという、かつての考えは逆転し、念仏をとなえずして、ただ観念的に仏教を知ったとて、何にもならないということがわかったのである。
（「念仏と言うこと」『光を仰いで』）

これ以外にも、これに類似した文章を加藤は何度も書いています。加藤は、念仏こそが仏教の核心で、念仏を称えずして仏教の真髄に接することはできないことを深く確信しており、「ただ念仏」という言葉を繰り返し述べています。

いまさら言うまでもないことですが、念仏＝南無阿弥陀仏とは、阿弥陀仏（限りない光と限りない寿命の仏）に南無（帰依）することで、これは主として浄土系の信仰形態ですが、加藤は、この言葉を使う、使わないにかかわらず、その精神は釈迦仏教全体に通底するものと捉えていたようです。というのは、これまでたびたび述べましたように、諸法無我という考えは釈迦以来の基本教義のひとつで、それが生死即涅槃へと展開していくわけですが、加藤はその無我を単に道理として頭で理解するだけでは命の糧にならないとし、念仏を称えることこそが、命の糧になる無我の境地に至る実践道にほかならないと考えるからです（前掲「念仏ということ」）。したがって、一見、正反対のように思われるが、坐禅を実践する禅宗と念仏門も、その点では大きな隔たりはないと主張します。たとえば、次のような言い方もしています。

ところでぼくは、もひとつ君の注意をひいておきたい。それは、生死即涅槃という境地はなにも禅宗だけの専売特許ではないということだ。じつはこれは仏教共通の根本道理なのである。禅とは正反対の法門のようにみられている念仏門だってこの大道理のほかではない。世間では、念仏門は死後のことばかり問題にしているとおもっている人がおおい。とんでもない誤解だ。念仏門は禅宗よりももっとこの世を問題にしているといっていい。ここでは生死よりもむしろ煩悩を主題としているからである。煩悩を断ぜずして涅槃を得るというのがこの門のたてまえである。とはいうものの、煩悩もまた生死と別のものではないのだ。ここに禅と念仏との道交がある。

（「静慮」『いのち尊し』続）

また、次のようにも言います。

慈悲はたしかに広大無辺で衆生のうえに平等にそそがれているのですけれども、それを感受さすにはそれだけの縁がなくてはならないのです。ラジオの電波は、十方平等に放送されておりますけれども、受信機がないことには、一言半句だってきくことはできないではありませんか。その受信機にあたるのが、禅宗では坐禅であり、日蓮宗では唱題であり、浄土門では念仏であるのです。（「神と仏」『いのち尊し』）

ここからもわかるように、加藤は、念仏だけが仏教信仰獲得のための特殊な手法というのではなく、禅宗に坐禅、日蓮宗に唱題があるように、それぞれの宗派にそれぞれの教義を身につけるにふさわしい作法があるのであって、各人それぞれに縁のあるものを選べばよいという考えだったのです。

なぜ念仏か

では、加藤はそのなかでなぜ念仏を選んだのでしょうか。これにつき加藤は次のように言っています。

禅者にはそれ（念仏以外）でよいと思います。ただ私のような煩悩熾盛の者にとっては「南無阿弥陀仏」が唯一の道でございます。

（『いのち尊し』続々々）

自分のような下品下生の人間には、念仏が唯一の道だからこれを選んだと言うのです。ところがまた、次のような言い方もしています。

私が、自分がほかならぬ下品下生であったということに気づいたのは、このとき（念仏を無意識に称えたとき）であり、念仏がおのずと口をついて出たのとほとんど同時でありました。

下品下生といっても、何も直接悪いことをした、というわけではありません。しかしながら、まあまあだと思っていた自分が、とりえのとの字もない人間であるということに気づかされたのであります。

（「下品下生の私」『阿弥陀経を読む』）

これらの記述からわかるように、加藤は、煩悩熾盛の下品下生であるがゆえに念仏を称えたのですが、また、念仏を称えることによって、自分が下品下生であることをいっそう深く実感させられたのでした。ですから、念仏というのは絶対なのだ、と気づかされたとき、何のはからいも理屈もなく、ただただ「私は下品下生の凡夫でございました」と素直に受け止めさせられたのでありますそして、高邁な教えはすべては偉い人たちのためなんだ、私には念仏しかないのだ、他の人はどうであれ、この私にとっては念仏しかないのだとさとって、以来今日まで、何らのたじろぎもなければ動揺もないわけであります。（同右書）

という気持にもなるわけです。ここには、下品下生⇕念仏の関係が成り立っているといえましょう。

では、なぜ下品下生のものにとって、念仏が最適と考えるのでしょうか。それも、同じ念仏でも、端座して想をこらし、仏の功徳荘厳を念ずる観想念仏ではなく、ただ南無阿弥陀仏を口で称えるだけの称名念仏を選んだのはいかなる理由からでしょうか。

王舎城の悲劇物語

これについて加藤は、有名な王舎城の悲劇物語を引用して説明します。これは「観無量寿経」に書かれていることで、ご存知の人も多いでしょうが、インド・マガダ国王舎城の王子がダイバダッタにそそのかされて父を殺害して王位につき、母の韋提希《いだいけ》をも宮殿の奥に幽閉した話です。

これに関係づけて、加藤は次のように言っています。

「観無量寿経」には、お前のように悪いことばかりして生命《いのち》、旦夕《たんせき》に迫っている者にもう説法してもはじまらない。ついてはただ口で南無阿弥陀仏と称えよ、そうすればお前のような者でも極楽に往生できる。阿弥陀さまが迎えとってくださる、ということが書いてあります。

それを聞いて、韋提希夫人以下、全員がさとったのです。凡夫も救われる、どんな悪人でも救われる、みな念仏一つで救われる。

それで私（加藤）も今は、とても瞑想して仏を観るなんてことはできませんから、口で名号を称えているわけです。（『阿弥陀経を読む』）

苦悩のどん底にあって、まさに地獄に落ちようとしているものに理屈で説法してもはじまらないので、仏は極楽行きの一番簡単な方法として称名念仏を勧めたと説かれているが、自分も同様に罪業深重の身、だから称名念仏の道を選んだというのが加藤の説明です。
これと関連したことを、加藤は別の場で次のようにも述べています。長い引用になりますが、重要な部分なので記しておきましょう。

韋提希はその愛憎の葛藤にたえられなかった、そこでお釈迦さまに、わたしはこんな憂悩のないところへ行きたい、その道を教えていただきたいとたのむ、それに答えられたのが結局、南無阿弥陀仏と称えよということであったのです。ですから、念仏は、苦悩の世界から、苦悩のない世界へ出て行く道だといってもよいと思います。極楽とは苦悩のない世界ということでしょう。それがつまり涅槃の境地でもあろうかと思います。往生するとは、苦悩の世界から出て行って、苦悩のない世界におちつくことだと思います。そういうとまた、何かのこのこ歩いて行くことのようにとられるかもしれませんが、もちろんそんなことじゃありません。だいたい宗教というものは精神生活、ひらたく言えば心のおきどころを教えるものですからね。阿弥陀さまといったって、目鼻のある、つまり、形のあるおかたじゃありません。永遠なる光、これを阿弥陀というとちゃんとお経に書いてあります。光といっても、物理でいう光ではない。私たちの心の闇をてらす光であります。そんな光がどこにあるかとまたおっしゃるかもしれませんが、念仏を称えてごらんなさい。ひとりでにおわかりになります。同時に皆さまご自身の姿、心の生態もクローズ・アップされてくるでありましょう。自分自身が愛憎のかたまりであることを知るということと、念仏を称えるということは同時であります。そんなことはない、自分が愛憎のかたまりであることくらいはもうちゃんと知っているとおっしゃるかもしれませんけれど、念仏を称えないでは、まだ何とか自分で処置できると思っていらっしゃるのであって、従ってたいして深い悩みを感じていらっしゃらないのだと思います。頭ではわかるが実際にはどうにもならなぬことを痛感なさるならば、もう念仏しかほかに道がないはずであります。そうして、実際に声に出して念仏を称えてごらんなさい。意外にも、自分が称えているものの、それは実は称えさせられていることをお感じになるでしょう。念仏は仏の呼び声であるといわれることも自然にうなずかれるはずです。

（「私と仏教」『現代しんらん講座』4）

「極楽」とか「涅槃の境地」といった仏教用語を使うと、それだけで拒否反応を示す人も多いが、それは「苦悩のない世界」のことで、念仏を称えることによって、心の闇を照らす光が感知され、その世界に落着くことができる、そのことは、実際に念仏を称えなくては実感できない、また、そうなれば心の闇の深さがいよいよ強く実感され、さらに、念仏は仏の呼び声であるという教えも自然に頷かれてくると加藤は説くのです。

経典の表現

私がとくに注目したいのは、以上のような念仏観をもつ加藤が、経典に見られる非科学的表現に対して、どのような態度で臨んだかということです。右の引用資料からもわかりますように、加藤は経典の字句をそのまますべて絶対視することはいたしません。それは科学者として当然のことです。しかし、だからといって、知識人仏教者の多くがするような、それを無視・否定するような態度もとりません。その理由として加藤は、先にも述べましたように、「地理的極楽を抹殺してやるんだというような」力んだ闘争心は「念仏のなかに溶解してしまう」（九四頁）と言うのです。したがって、次のような言い方もしています。

ともかく私は念仏を称えた。そして、称えてはじめて知った。念仏こそが、弥陀の本願そのものであることを、探し求めていたものは眼前にあったのである。浄土往生も議論の必要はなくなった。行先を浄土といおうと、ネハンとよぼうと、明るいことはたしかである。私の生きて行く道が、ここに定まったのである。

（「出会い」『仏教と私』）

経典に書かれているような、科学では証明できない「西方浄土」をどう説明するかで多くの知識人は悩むのですが、念仏を称えていたら、そんな議論をする必要もなくなったと加藤は自分の体験から言うのです。科学的に証明ができようができまいが、そんなことは気にならなくなったということでしょう。ここまで言い切れるようになるまでには、よほど深い内省があったのでしょうが、しかし、このような境地に達することによって、加藤は何の抵抗もなく経典に接するようになり、その念仏信仰はよりいっそう深まっていったことと思われます。

以上、念仏についての加藤の考えをいろいろな角度から見てきました。しかし、これだけの説明では、なぜ念仏で救われると言えるのか、加藤の考えはなお理解できないと思う人が多いでしょう。では、これはどう考えたらよいのでしょうか。ここで、少し加藤から離れて検討してみましょう。

坐禅・唱題・念仏

まず、最近読んだ親鸞に関する解説書のうちで、もっともコンパクトに、しかも懇切に書かれていると感じた加藤智見『親鸞の教え』から、その一部を引用させていただきましょう。

親鸞によれば、念仏は単にわれわれ人間の側から称えるものではない。純真な信心もおこせず、純粋な念仏も称えられないと懺悔する親鸞が気づいたことは、すでに仏ご自身がみずからの存在と働きを仏の名すなわち名号《みょうごう》の中に包み込み、これを人々に示してくださっていたということである。これが仏から示された念仏であった。すなわち念仏とは、仏に信順する心がおこるようにと仏によって工夫され、完成された言葉である。

信順の心、すなわち信心までもが、名号すなわち念仏に含められ、与えられているという。だからこそ、念仏すれば仏への信心も自然におこる。言い換えれば、念仏は人間の側のものというより、仏の願いに目覚めさせようとする仏からの呼び声なのだ。たとえば「お母さん」という声はたしかに子どもから発せられる声であるが、もともとは母親のほうから「私が母ですよ」と呼びかけられ、教えられていたからこそ出てくる。このように親鸞のいう念仏の背後には、仏の願いと働きかけが込められているのである。

だからこそ、心から念仏を称えようと思い立つとき、すでにその人は阿弥陀仏によって抱きとられ、救われている、ということができる。

ここでは、仏の願いを母の願いにたとえて説明されていて、親しみやすく感じられることでしょう。この部分からもわかるように、子が母を呼ぶのは、その前にすでに母親からの呼び声があったからで、念仏も同様だと解するわけです。こうした説明は、加藤の念仏観と矛盾するところはまったくありません。しかし、これだけの説明を聞いてもなお、なぜ念仏で救われるというのか納得できないと思う人も多いでしょう。そこで、少しばかり私の体験を踏まえて、別の角度からこの問題を考えてみましょう。

先にも述べましたように（一三〇頁）、加藤は、禅宗の坐禅、日蓮宗の唱題、浄土門の念仏にはそれぞれ違いはあるものの、共通する面のあることを認めています。それは、次の一文からも読み取れます。

私は、もっとすばらしいことを認めないではいられません。それはあのおびただしい仏教経典から、「ただ坐れ」「ただ念仏」「ただ唱題」といった簡単この上もない宗教を導き出したことです。これは、鎌倉時代の祖師がたの功績です。これこそ、今日、私たち日本人がみずから学び、そして外国の人びとに伝えたい最高のものではないでしょうか。

そこで私は、「日本人のありかた」の答えとして「一億総坐禅」を提唱して講演のむすびといたしました。いうまでもなく宗派を超えた坐禅です。どの宗派だって、姿勢正しく坐ることに異存はないでありましょう。私は、日本人のすべてが、たとえ一生にただ一度でもよろしい、坐禅をして下さることを念じてやみません。

（「一億総坐禅」『いのち尊し』続々）

加藤自身は「ただ念仏」で、念仏一筋に生きたのでしたが、しかし、右の文章からもわかるように、坐禅にも唱題にも念仏同様の価値を認めていました。とくに坐禅には関心が強く、念仏と共通する面の多いことをしばしば強調していています。禅は自力、念仏は他力で、一見、正反対のように見えますが、どこに共通点があるのでしょうか。そのことから入っていきたいと思います。

「白隠禅師坐禅和讃」と真宗

その坐禅についてですが、実は私は、大学二年生のとき、一年間、坐禅をして禅を学んだ経験があります。真宗寺院出身の私が坐禅をしたといっても信じてくれる人は少ないのですが、事実です。学んだのは、阪急沿線長岡天満宮近くにある「長岡禅塾」という、昭和十四年に岩井商事の創業者岩井勝治郎が設立した、関西の大学生対象の禅道場で、今も日商岩井グループの支援で運営されています。

そこでの生活は実に厳しいものでした。一年中、平素は朝は六時から三十分間坐禅、廊下の拭き掃除、夜は庭掃除のあと、七時から一時間の坐禅ですが、それくらいはまだ楽な方で、休暇に入ると大摂心で、一日に十時間近く坐禅、それ以外の時間は、掃除、作務《さむ》

（畑作業）や提唱《ていしょう》（「語録」や「論語」の学習）などをする生活が一週間続くのですから、大変です。もちろん冷暖房装置はありません。塾生は四人でしたが、意志薄弱な私は一年間でギブアップし、退塾しました。そんな次第で、落ちこぼれ塾生の私には坐禅について語る資格はありませんが、挫折したとはいえ、今から思えば、貴重な経験でした。
なかでも、深く記憶に残っているのは、毎朝、坐禅のあと、木魚を叩きながら声をそろえてみんなで読誦した「白隠禅師坐禅和讃」です。これは、念仏について考えるうえでも参考になると思いますので、最初の部分だけを掲げておきましょう。

衆生本来仏なり　　水と氷の如くにて
水を離れて氷なく　　衆生の外に仏なし
衆生近きを知らずして　　遠く求むるはかなさよ
たとえば水の中に居て　　渇を叫ぶが如くなり

坐禅によって無我の境地に達するのが禅の教えですから、「色即是空・空即是色」の「般若心経」はもちろん読みますが、それ以外に、こんな和讃があることを知って、私は驚くと同時に嬉しく思いました。内容がわかりやすいし、「衆生本来仏なり……」の言葉は、一句々々が、坐禅で苦しんでいる私の心に少しばかり癒しを与えてくれるような気がしたからでした。そして、今回、加藤の念仏観について考えているうちにふとこの和讃を思い出しました。それは、この和讃には、どことなく親鸞思想にも通ずるものがあるようにまえまえから思っていたからです。と言いますのは、これは仏凡一如の教えを説いたものですが、しかしここには、「煩悩障眼雖不見、大悲無倦常照我〈正信偈〉」（煩悩に遮られて仏の光を見ることができなくても、すでに間違いなく、仏の光の中に摂しとられている）という親鸞教義を髣髴させるものがあるような気がするからです。要するに、どちらも仏の存在に気付かないで生活しているわれわれに、それを気付かせたいという思いが込められており、そういう点で共通しているのではないでしょうか。加藤が、坐禅と念仏に軌を一にするものがあると説いたのも、こう考えると頷けるように思えます。

ところで、当時の長岡禅塾の塾長の森本省念老師について、亡くなられたあと、『禅――森本省念の世界』（半頭大雅編）という本が出版されました。それを読んではじめて知ったのでしたが、森本老師の禅思想のひとつの特色は、禅と真宗は相通ずるものがあるという考えを強くもっておられたことだったようで、「禅が伸びて行って真宗になる。真宗が分かると禅が分かり、禅が分かったら真宗が分からなければならない」とまで言われていたそうです。迂闊にも、在塾時代に私は老師がそんな考えをもっておられたとはまったく知りませんでしたが、いま思えば、私は無意識のうちに老師の教化のお陰で、「白隠禅師坐禅和讃」に真宗的な要素を嗅ぎ取っていたのかもしれません。

なぜ「念仏で救われる」といえるのか

加藤の念仏観からかなりそれてしまったので、話をもとにもどさねばなりませんが、なぜ坐禅の話まで持ち出したかと言いますと、加藤の念仏をより深く理解するためには、それに先立ち、「なぜ坐禅で救われるか」を考えてみたら、少しなりとも有効な示唆が得られるのではなかろうかと思うからです。それはどういうことかと言うと、禅の場合、白隠禅師の和讃からわかるように、「衆生本来仏なり」と、衆生（われわれ）はもともと仏種（仏性）を宿しているのに、それに気付かないでオロオロ迷っている、だから、早くそれに気付くことが大切であると説くわけです。つまり坐禅は、精神統一して煩悩を滅却するのが主目的ではなく、それよりも、仏性を宿している自分（本来、救われている自分）に気付くための修行なのです。そして、念仏もまた、坐禅と同様に、救済の方法を模索するのではなく、煩悩具足のままで救われている自分に気付くことを目指して仏によって示された言葉であると親鸞は解していたのです。加藤も同様だったと思います。ですから、次のような言い方もしています。

（念仏は）称えてみますと、何ぞはからん、自分自身がすでに大慈悲心のなかにいたのだなあと気づくはずであります。念仏申すのみぞ末徹りたる大慈悲心とおっしゃる気持ちがほのかに察せられるようであります。（「職業・金銭・愛情」『仏教と実業』）

「念仏で救われる」と言われてもピンとこないが、それよりも「念仏によって、大慈悲心のなかにいることに気づく」という考え方（実質は同じことでも）ならば、少しは納得がいくと感ずる人の方が多いのではなかろうかと私は思うのですが、いかがでしょうか。

なお、以上のことを私は自分の坐禅体験を通して述べたのですが、実は、すでに高柳武（故人）という人が、同様のことを、すべての人間には仏性があり、「念仏をとなえることで救われるのではなく」、もともと「救われてある」存在であることが、念仏を申しているうちに、気づかされるのであって、「南無阿弥陀仏をとなえると、弥陀の智慧光に浴して、その光のなかで、ほんらい自分は救われていたのであることが、おのずからに感得されてくる」という言い方で、真宗の妙好人の言葉を引用しながら説明しています（高柳武『仏教を読む』）。この人は、元毎日新聞の記者で、仏教学者だったわけではありません。そのためか、その説を引用した論著を寡聞にして私は知りませんが、しかし、わかりやすい説明と思いますので、興味のある方には一読をお勧めします。そして、こうしたことを念頭において、加藤の念仏観を読んでいただければ、もう少し理解が深まるのではないかという気がします。

非念仏者はどうなるのか

さて、くどくど述べてきましたが、加藤の念仏観に関して、いまひとつ、記しておきたいことがあります。それは、最後まで念仏を称えなかった人について、加藤はどう考えていたかということです。われわれなら、「そういう人間は救われない」と言いそうですが、加藤はそんなことは言わないで、次のようにおだやかに語っています。

かりに最後まで念仏を称えることができなかったかたでも必ず一如の世界に帰って

行かれるのだとは思います。ただそのかたは自分ではそういうふうには思っていらっしゃらないのですから、自然、現実の生活も念仏者とまるでちがってくるわけです。念仏者は、弥陀の本願を信じ、念仏申さば仏になる、つまり、涅槃に到ることを信じておるのです。信じて暮らしておる、そのことが安心《あんじん》といわれる境地なのでしょう。念仏を称えない人にはそれがない。ただ自然死するだけなのです。けれどもわれわれはもともと一如の世界から生まれしめられておるのですから、自然死であってもみんなもとの一如の世界に帰って行くのだと思います。俺は念仏申したから涅槃にいくが、お前は念仏申してないからいかんぞというのは、どうも私にはおちつけないのでありますそれなら、どこが違うかというと、本人が生きているうちに、安心というものが出てこない、そこがちがうのではないでしょうか。信ずるものの安らけさを味わうことができないのだろうと思います。

（「私と念仏」『現代しんらん講座』4）

ここでも、加藤ならではの鮮やかな説明がなされているように思います。「念仏を称えないものは、一如の世界に帰れない」と言ったのでは、「真の命は、仮の命の死と同時に、真如の世界にはいっていく。死の際がどんなに醜いものであっても、生物学的死の瞬間から、そこは浄土になるというのが仏教的な死の考え方なのである」（二一〇頁）という解釈と矛盾を来しますが、そうは言わないで、そんな人でも「必ず一如の世界に帰って」行くという考えに立ち、ただし、その人は、念仏者と違って自然死するだけだと言います。

不信心者を諌める気はまったくなく、ただ同情するだけです。いささかの奢りもないところに、加藤の偉大さが感じられるように私は思います。

5　仏教的人間形成

諸行無常・諸法無我・涅槃寂静

加藤の仏教観についてながながが述べてきましたが、最終的に加藤は仏教によって何が得られるというのでしょうか。先に述べたことと重なる部分もありましょうが、もう一度、検討してみましょう。

加藤は死の数か月前、『親鸞に学ぶ仏教の極意・唯信鈔文意』という書物を著しましたが、その解説に「生死を離れることこそが、仏教の根本問題です」と書いています。そして、自己本位の執着から解脱することによって生死を離れることができるとし、さらに

「生死を離れれば、〝生きてよし、死んでよし〟という境地になれます。また念仏行者がよく言うように〝いつお迎えが来て下さっても結構です〟〝いつまでも生きさせて頂いてもけっこうです〟」と記しています。加藤は、こうした心境の中で安らかに死を迎えたことでしょう。

しかし、このような安心立命の境地に達することだけが加藤の目的だったのではなく、仏教は現実社会で人々が明るく、希望をもって生きていくうえでの人間形成に十分に寄与し得ると確信していたことはまちがいありません。ここにこそ、加藤の面目躍如たるものがあったと私は考えるのですが、では具体的にはどのような人間形成を加藤が考えていたか、以下に若干検討してみましょう。そこで、まずはじめに加藤が「仏教と実業」（『仏教と実業』）と題して行った講演の内容を簡単に要約することから始めましょう。

加藤は、仏教思想の三つの特徴と言われている諸行無常・諸法無我・涅槃寂静（これを「三宝印」と言います）をあげ、その道理が実業家としての加藤にどのような影響を与えたかについて語っています。

沈着、慚愧・感謝、安穏

第一の諸行無常からは、この道理をしかとふまえて、一喜もせず一憂もしない、泰然自若の態度と、一喜一憂はするが、その底に、静かな心を湛えている態度の双方が得られ、それはあたりまえのことではあるが、「わたしは、このあたりまえのことを仏教の無常観によって、はじめて教えられたのです」と言い、「これこそが、人のこころをじっくりとおちつけてくれるのであります」と、諸行無常の思想によって、人生に落ち着きが得られることを強調しています。

第二の諸法無我は、すべてのものは、もちつもたれつの関係にあり、相依相関の道理を教えるもので、そこから、感謝の念と責任感の双方が出てくるのですが、加藤はそれを網の目にたとえて次のように言っています。

じつは、わたくしなるものは、大きな網の結び目のひとつなのだと思っているのです。もちろん諸法無我を学んでからのことです。「無我」といいますと、いかにも「我」が蒸発してしまうように聞えるかもしれませんが、そうではありません。一切のものに支えられている「我」を発見することなのです。つまり、網の結び目のひとつとしての自分をみいだすことにほかなりません。自覚覚他《じかくかくた》といわれるその「自」の発見であります。

わたくしは、この自覚を与えられまして、はじめて、他からの恩恵のいかに重々無尽なるものであるかをしりました。同時に、自分の行為が、いかに他に累を及ぼすものであるかに気づきました。

網の結び目は、自分の力だけでは機能しないが、また自分が手を抜いては全体が機能しません。

相依相関の道理に徹することは会社経営においても大切であることを説き、さらに次のようにも言います。

わたくしは、仏教の説く諸法無我の思想を学びまして、経営者に「自分の手柄」というもののあるはずのないことをしりました。会社の業績が良い場合には、わたくしとてもとかく自分の功績にしたい衝動に駆られますが、そういう道理はないのであります。それこそ、「おかげさま」のほか何もないのであります。謙遜というような次元の低いものではありません。ものの道理として、自分ひとりの功績というものがないのであります。

また、会社の業績の悪い場合には、わたくしとても、かつては、責任を他にかぶせたようないいかたをしたことがあります。（中略）これは、自分自身の網の目を良くしないで網全体を良くすることができないという道理を忘れたいいかたです。愚痴というものでありまして、男らしくないばかりでなく、根本の道理にはずれているのです。わたくしは、その道理を、諸法無我からはじめて学んだのでありました。業績の悪い場合、理由はいかようにあれ、経営者たるものは、すべてを自分の責任と感じなければならない道理があるのです。（中略）業績の良いときは「おかげさま」と感謝し、業績の悪いときは自分自身に責任を痛感してお詫びすべきはお詫びして、可能な対策のすべてを尽くすほかないのであります。

「いい時は、これ全部お陰さま。悪い時は、これ全部自分の責任である」（「私と仏教」『現代しんらん講座』）というのが加藤の一貫した態度でしたが、それは諸法無我の思想から学んだことだったのです。

第三の涅槃寂静とは、辞書には「煩悩の火が消えた状態は究極の安穏の世界であるということ」（『浄土真宗辞典』）とありますが、加藤は、それは諸行無常、諸法無我と離れて別にあるのではなく、「一切は変化してやまないと観じ、しかも、その一切は、互いに相依り相たすけて成り立っていることを悟れば、そこに自ら涅槃寂静が感知されるはず」と言い、「その境地に立ってはじめて人間のこころはおちつくのだとぞんじます」と述べています。そして、実業にたずさわっている人間は、欲望と憎愛のとりこになる傾向が強いだけに、「競争しながらも、相手を友と感じさせる」涅槃寂静の世界を感知することが望ましいというのが加藤の考えのようです。加藤自身、念仏を称える身となったが、「憎愛のこころがなくなったのではありません。むしろますます盛になっているようです。けれどもちがうことがただひとつあります。それは、欲求や憎愛を透して、その奥に寂静の世界が感知されることであります。それがわたくしにこころのやすらぎを与えてくれるのです」と語っています。

以上、「三宝印」によって加藤が述べた仏教の人間形成について紹介しましたが、ほかでも、これに近い内容のことをたびたび話しており、つねにこのことが念頭にあったのでしょう。次もその一例です。

念仏を称えない時の仕事や研究というのは、野心の他の何物でもない。早く出世がしたいとか、早く学位をとりたいとか等々、野心の権化であります。しかし、念仏のうちにおいてなされる仕事や研究は違う。もちろん、そういう野心めいたものがまったくなくなるわけではありません。なにぶんにも人間でありますので、それこそ、息のしている間は野心から離れられますまい。けれども、それなら、念仏申しても申さなくても全然違わないかというと、そんなことはないのです。なるほど、外からみた姿はほとんど変わりますまい。しかし、本人の心の中には大きな変化が起こっているのです。そこには、かすかながらも、慚愧と感謝の心が芽生えつつあるからでありま す。なにもそんなことを自慢する必要は毛頭ありませんが、どうも私には、たとえ時々でありましても、慚愧と感謝の心がわく研究者の研究には、おちつきが出てくる、研究そのものがところを得てくるように感じられるのです。実業もそうなのです。

（「私と仏教」『現代しんらん講座』4）

以上で加藤の考えは、解説を加える必要もないほど十分におわかりいただけたと思いますが、いまひとつ追加させていただきましょう。それは、価値観の違う人への対処の仕方です。

寛容性

これまでみてきたことからお気づきのように、加藤は、ものごとを絶対視することを拒否する姿勢を貫きました。それは、諸法無我の仏教の大原則とも科学的精神とも反するからで当然ですが、加藤は、これに関してはいっさい例外がないことを強調します。私は、この点をみなさんにもよく理解していただきたいのです。たとえば、「仏にもできないことがあるのか」という質問に対し、加藤は次のように答えています。

そのとおり。むかしから仏の三不能ともうしまして、これだけはなんとも処置なしというものが三つあげてあります。

1、因果（自然の法則）をくつがえすこと。

2、衆生の煩悩を断ちつくすこと。

3、縁なき衆生を度（救済）すること。

この三つは、いくらお釈迦さまでも、乃至は阿弥陀さまでもいかんともしがたいのです。「縁なき衆生は度し難たし」とむかしからよくいわれてきたのはこのことなんです。それでは、仏の慈悲も案外ちっぽけなもので広大無辺とはいえないのではないかとおっしゃるかもしれませんが、それはちがいます。慈悲はたしかに広大無辺で衆生のうえに平等にそそがれているのですけれども、それを感受するにはそれだけの縁がなくてはならないのです。

（「神と仏」『いのち尊し』）

ここにあげられていることは、いずれも現代社会で考えても否定できないことです。仏といえども「絶対」ということはありえないのです。それがあり得たら、仏は全知全能の神になってしまうわけで、仏教ではありません。わが親も、全知全能のスーパーマンだったら、怖くて近寄れないでしょう。

このような考え方に立脚しているのですから、加藤は自分の信仰、思想を絶対化し、それを他人に強制する態度を極力否定します。したがって、自分では念仏信仰に励みながらも、念仏だけに絶対的価値を認めるのではなく、どの宗派でもよいから、縁のある（自分の好みの）仏教に専念するように勧める姿勢をとりました。ですから、同じ仏教でも、加藤は、自分の立場のみに固執する「折伏」という布教方法には反対でした。それは次の言葉にはっきり表れています。

いわゆる〝折伏〟を行うような、攻撃的な面がなければいけないという人もあるだろうが、私にはついていけない。在家仏教というものは、そんなものではない。自分自身が、いちばん最低点に立って聞かなければならないのである。下の下がすなわち自分だということであって、そういう立場に立っているものが、人に教えるとか、ある人を攻撃して、「お前は間違っているんだ」ということは、それこそ間違いだと私は考える。（『光を仰いで』）

諸法無我の立場をとる加藤として、これは当然の発言でしょうが、こうした寛容性のあるところがまた加藤の偉大な点のように私は思います。

では、加藤はキリスト教やイスラム教に対してはどのような考え方をしていたのでしょうか。これに関する加藤の積極的発言はみられません。しかし、「全智全能、できないことはなにひとつもない、だから、宇宙も、生物もおもいのままに創りだすことのできる神さま」に対して、「そういう神をもたない宗教、それが仏教」（「神と仏」『いのち尊し』）と言っているところからもわかるように、加藤は、全智全能の神の宗教にはなじめなかったようですが、絶対視を否定する加藤としては、これはあたりまえのことです。

しかし、だからといって、他宗教の信仰者を拒絶するようなことはけっしてしませんでした。それどころか、傾聴に値すると思った人とは、たとえ他宗教の人であれ、積極的に交流し、その人を招いて講演会を開いたりもしました。そのことは、カトリックの神父で上智大学教授だった門脇佳吉が、加藤の亡くなった直後の『在家仏教』に寄せた追悼文「巨星堕つ」からもうかがわれます。

加藤辨三郎先生の訃報に接したのは、台風五号のもたらした大雨が降りしきる箱根の山荘に居たときだった。その瞬間、私の心をおそったものは、大きな悲しみと「巨星堕つ」という感慨だった。氏が多方面に偉大な足跡を残されたことは周知のことであり、生前の先生の大偉業を知る人ならば、私が「巨星堕つ」という深い悲しみに襲われたことを、理解してくれるに相違ない。

（中略）私も先生の高邁な精神に感動していた。何故なら、先生は私がカトリックの神父であることを知りながら、私を何遍となく在家仏教講演会に招いてくださったたからである。その上、私が一生かけてやろうとしている「仏教とキリスト教との対話」という試みを高く評価され、影ながら私を応援してくださったからである。先生は熱心な仏教徒であった。だが、その宗教心は、真正なものであったが故に、頑迷固陋ではなかった。仏教徒であろうが、キリスト教徒であろうが、真正な信仰をもっている者を尊敬し、その意見に耳を傾け、学ぶべきものを学ぼうとする高邁な精神を、先生は持っておられた。

（「巨星堕つ」『在家仏教』一九八三年十一月号）

加藤の行動が、その論理と矛盾しないことはこれまで何度も述べてきたところですが、その姿勢が宗教観においても貫かれていたことがここからも明らかです。宗教者は、自分の宗教に熱心であればあるほど、その宗教、教団護持意識の強さから、とかく他宗、他教団に対して冷淡になりがちなのですが、加藤は、それは仏教的でないという姿勢を貫いたのでした。

仏教的立場から、絶対を嫌った加藤は、それを家族にも言い聞かせていたようです。それは、たとえば、孫娘の浅原純子が、加藤の思い出を綴った次の文章からもうかがわれます。

とてもよく覚えているのは、私が「絶対」という言葉を使うと必ず「絶対という言葉を使ってはいけない」と真顔で注意されたことです。

（「祖父加藤辨三郎のこと・居間の風景」『在家仏教』一九九九年八月号）

柔軟心と脱驕慢心

このように、ものごとを絶対化しないで、多元的思考の可能な寛容性のある人間形成も仏教だからこそできると加藤は考えていたと思われますが、この寛容性はまた、柔軟心を生む母体ともいえましょう。先にも述べましたように（五七頁）、この柔軟心は、金子大栄がとくに強調したことで、加藤が金子に心酔していったひとつの要因はこの点にあったと私は思うのですが、加藤は柔軟心を得ることの大切さを説くだけでなく、多くの人々から、柔軟心豊かな人物として崇められたのでした。そのことは、加藤没後に、二橋進が加藤を讃えた文章「静かな奔流」（『薔薇は薔薇――協和発酵三五年史』）の中で「闇いよいよ暗く、光いよいよ明るくして、価値観の転成を見、また柔和忍辱の心が生まれ、より広い世界へとすすまれたのです」と記しているところからも明らかです。そして、私が加藤にもっとも強く心をひかれるのもその点です。それは、私が非常に柔軟心＝寛容性に欠けた人間だからです。

このように柔軟心を大切にし、自分の価値観を他人に押しつけない加藤ですから、常に驕慢をいましめます。卑下慢、増上慢について先に述べましたが、こういった驕慢があっては、仏教は理解できないことを繰り返し説いています。これは正信偈の「弥陀仏本願念仏、邪見驕慢悪衆生、信楽受持甚以難、難中之難無過斯」（弥陀仏の本願念仏は、邪見驕慢の悪衆生、信楽受持すること甚だ難し、難の中の難これに過ぎたるはなし）からきていることは言うまでもないところですが、加藤は常にこのことが念頭にあったようでして、次のようにも言っています。

知識も、科学も、まずみずから、その驕慢をすてなければなりません。そこにはじめて、真の知識、真の科学が行ぜられてゆくのです。と同時に、仏教への道もひらかれてゆくのです。

（「増上慢」『いのち尊し』）

ここからもわかるように、経営も科学も仏教も驕慢心があるかぎり達成できないと加藤は常に考えていたのでした。

しかし、先にも述べましたように、その驕慢心を除去する柔軟心こそ「仏教の一筋の願い」ですから、仏教の話を聴いていれば、自然に驕慢心は溶解するのだと加藤が確信していたのも間違いありません。驕慢心があっては仏教は理解できないが、その驕慢心は仏教によって溶解する、つまり、仏教⇕脱驕慢心という考えでしょう。

ただ、この点に関する教学上の理由について加藤は述べていませんので、少しだけ補足説明しておきましょう。

親鸞信仰の核心をなす概念の一つとして、「二種深信」(「機の深信」と「法の深信」)ということが言われています。「機の深信」とは、自身は罪悪深重・煩悩具足の凡夫で、迷いの闇から離れる縁がまったくないと信じること、「法の深信」とは、阿弥陀仏の本願力は、このような闇の世界にさまよう凡夫に働きかけ、かならず救済をもたらす力であると信じることですが、この二種の深信は、不可分に結びつき、二種一具の関係にあって別々のものでも矛盾するものでもなく、一つの信心の両面をあらわしていると説かれています。つまり、煩悩が限りなく深いことが自覚されればされるほど、救済は真実と考えられ、また、それが真実であると知られれば知られるほど、いっそう煩悩の深さが痛感されるということです。通常の論理では、この二つが一つに結びつくという考えは成立しないはずですが、これを一つのものと考えるのはなぜでしょうか。その根底には、弥陀の本願は光であるが、それは無量光・無碍光であって、普通の光とは違って、「その光を見ることのできない者、それに気づかず逃れる者、つまりは闇や陰にこそ届く光」で、「しかもその光の届き方は、ただ直接的に闇や陰を解消し、明るくするというものとも異なり」、「むしろその光が届くことによって、闇はいっそう闇を深め、陰は陰であることにいっそう気づかされ、知らしめられ」るが、「しかし、その闇を深めることを通して、あるいは陰を知らしめることによって、それを照らしている大悲の光はいよいよ知られ、闇と陰を浮き立たせるものとして知られる」（薗田坦『親鸞他力の宗教』）という考え方があるのです。つまり、罪悪深重の自覚が強ければ強いほど、仏の光はいよいよ強く感じられ、逆に仏の光の輝きを強く感じれば感じるほど、罪悪の自覚がますます深められることになるということです。

このことはすんなり納得できないかも知れませんが、これはたとえてみれば、私の場合、とんでもない親不孝もので、いつも親に心配をかけ続けました。そのことを思えば思うほど、そんな放蕩息子を怒ることもなく、優しく慈しんでくれた親の気持に頭が下がりますが、また、その親心を思えば思うほど、我が身をいっそう恥じずにはおれません。「二種深信」という言葉を聞くと、私にはいつもこのようなことが頭に浮かぶのですが、みなさんにはそんな経験はありませんか。

ところで、ここで注目したいのは、親鸞が二種の深信をともに重視し、その一体性（「機法一体」）を強調したことの意味について、そこには「驕慢」に陥ることを警戒する意図があったのであろうという指摘がなされていることです。それは、一方で「機の深信」を説くことによって「増上慢」に陥る危険性を退け、他方で「法の深信」を説くことによって「卑下慢」に陥る危険性を退けるという意味をもっていたという解釈です（薗田坦前掲書および石田慶和『歎異抄講話』）。たしかに、「機の深信」も「法の深信」も、一方だけを強調すれば、それぞれ「卑下慢」「増上慢」に堕する可能性がありますが、「機法一体」であればそれが阻止できるわけで、説得力のある解釈のように思われます。おそらく加藤も仏法聴聞を通して、無意識のうちにそれ――仏教によって驕慢心が溶解すること――を実感していたものと私は思います。

看護

加藤辨三郎

私事にわたって恐縮ですが、八月初旬、私の家内は肥大した甲状腺の剔出《てきしゅつ》手術を受けました。この肥大は、じつは、十八年も前から気づいていたのです。しかし、痛くもかゆくもありませんし、医師も必ずしも手術するまでもあるまいといってくれましたので、そのまま今日に及んだのでした。

ところが、ふとしたご縁で、このあいだ、その肥大が、私がかねてから尊敬している先生に見つけられたのです。先生は、診察の結果、やはりこの甲状腺をとってしまったほうがよかろうとおっしゃいました。それで、私も家内も、その先生のご忠告に従うことにいたしたのです。

手術は、八月六日に行われました。わずか四十五分で終わったほどで、手術としては軽いほうだったといえましょう。それでも家内は、麻酔からさめて行く数時間は、かなり苦痛を訴えました。もちろん、完全看護でありまして、酸素吸入、滋養液のてんてき注射はもとより、看護婦さんは一時間毎に脈をとり血圧を計ってくださいました。院長さん、主治医さん、看護婦さん、どなたも親切なおかたばかりで、まことにもったいなく思いました。私と娘とがつき添ってやりましたが、じつは私たちには、何の用事もないのです。ただ枕もとにいて、「もうしばらくの辛抱だよ」と、せめてもの声援をおくるだけのことでした。

手術後、十時間ばかりで、家内は、ようやく平静な眠りにおち、私もやっとおちつくことができました。

そのとき、私は、看護に二種あることにきづきました。ひとつは、いわゆる完全看護であり、もうひとつは、ただみまもることしかできない看護です。前者は、医学の教えと、院長の指示に従うものです。現に、この病院では、至れり尽くせり、文字どおりの完全看護をしていただきました。家内の手術が無事すみましたのも、また、予定より早く退院できましたのも、みな完全看護のおかげでございます。それに対しては、いくら感謝してもしきれないここちがいたします。

しかし、だからといって、ただみまもるだけの看護はまったく不用かといえばそうではないのでありましょう。なるほど私たちは、家内にどうしてやることもできませんでした。しかし、家内といっしょに心は痛んだのです。家内が、てんてきの残量を待ち切れなさそうに見上げれば、私もまたそれを見上げて時の刻みのおそいのをなげきました。そこには、なにか無用の用というものがあるのではないでしょうか。

ここであげるのは適当ではないかもしれませんが、私は仏が衆生をみそなわすおこころもそのようなものであろうかと察します。仏は、衆生が苦しむからとて、直接には何の手当もしてくださいません。しかしてお眼にはいつも涙があふれ、衆生が悩めば仏もまたともに悩んでくださるのです。私たち衆生は、思うようにならぬとすぐ、神も仏もあるものかといいますが、それはこちら側のわがままではありますまいか。そのときでも、仏は、深い悲しみと暖かいいつくしみをもってじっとみまもっていてくださるのです。
お経にいわく「仏心とは大慈悲これなり」。

（「大手町だより」『在家仏教』一九七〇年十一月号）

V　経営理念と実践活動

1　経営理念

因縁の道理

加藤は、仏教思想によって安心立命の境地を得るだけでなく、立派な人間形成もできると確信をもっていたことを述べてきました。加藤と同様に、在家者であって、仏教による人間形成が可能と考えた人物はほかにも沢山いました。しかし、その考えを会社経営の面でまで活かした人物は多くはなかったと思います。あとで述べるように、稀にはそういうケースもありました。しかし、それらは、会社経営のために仏教を都合よく利用する傾向が強く、社会的に不評をかうことが少なくなかったようですが、加藤の場合はどうだったのでしょうか。

まず、その経営理念についてみていきましょう。これについては、加藤みずからが「私の経営理念」と題して『光を仰いで』に数ページにわたって掲載していますので、その主要部分だけを抜粋して紹介しましょう。

私のもつ経営理念は、すべて、仏教の因縁の道理に立脚しているといえよう。仏教と経営理念という、この組み合わせは、ひどく、ちぐはぐなものと思う人が多いだろうが、私にとっては、そうではない。仏教の教える根本理念が、私をしっかりと支えており、それによって、私は経営を行っているのである。

いまはやりの近代経営学には、もちろんいろいろと教えられるところはあるが、私は、これらすべて、仏教の教えのなかにあるいくつかのものの応用問題にすぎないとさえ思っている。仏教の根本道理がわかっておれば、ことごとく解きほぐすことができる。

仏教と経営、これを観念的にみれば前者は、悟り、――あきらめを連想させ、消極的な感じを与えるのに対して、後者は、非常にいきいきとした積極的な感じを与えるであろう。

消極と積極――この両極端を、仏教と経営の対比に連想する人があるとすれば、それは間違いである。仏教ほど怠慢をきびしくいましめている教えはないからである。

……（中略）

因縁観を理解することにより、私は企業経営の理念を確立することができたといえよう。すなわち、すべてのものが変化流動してやまず、一瞬たりとも固定してとどまることはなく、そしてすべての物がもちつもたれつで他と切り離されたものはない。（中略）仏教の教えのなかには、自分の手柄というものはない。他あっての自である。ひとえにこれも、因縁によるものであって、そこには感謝の気持と、懺悔の気持があるだけで、自分一個の手柄というものはない。（中略）順境にあって、おごるべからずというのは、一般には道徳的な面からいわれるのだが、仏教においては、因縁の道理からして、自然におごるわけにはいかなくなってくる。

反対に、逆境にあってはどうかというと、すべてが自分の責任となってくる。順境のときが周囲のおかげなら、逆境のときも周囲の責任ではないかといわれるかもしれない。普通の論理ではそうなる。そこが、宗教の論理とちがう点である。宗教心のなかでは、よいときは〝おかげさま〟悪いときは〝すみません〟となるのである。

（中略）私が仏教信者であるからとて、それだけで、会社が繁栄したり衰えたりするのではない。また、それだけで、社内に平和があるというわけではない。企業が栄えるも衰えるも、すべて因縁の道理によるものである。私が仏教を信じているからではない。

（中略）会社内の平和ということも、同じである。私が仏教を信じているからといっても、決して、すべての人がついてくるものでもない。条件さえそろえば、いつだって労働争議も起ころう。……（中略）仏教を知らないときの私であれば、きっと阿修羅のごとく争いに立ち向かうにちがいない。しかし、いま、もし争議が起きたとすれば、私は、わりあい静かな気持で、受けていくだろう。

これまで幾度も述べたように、仏教が科学と矛盾しない因縁の道理に基づく宗教であるところから、加藤は仏教に心酔していったわけですから、経営理念も「仏教の因縁の道理に立脚している」と明言するのは当然でしょう。そして、その道理に徹することによって、会社経営においても、一刻一瞬をムダにせず、また感謝と慚愧の気持を大切にする心が起こってくることなどを述べています。

会社の繁栄と仏教は無関係

ところで、ここで注目されるのは、このように、自分が仏教から学んだ貴重な智慧について力説しながらも、自分が仏教信者であるからとて、会社が繁栄するのではないし、「条件さえそろえば、いつだって労働争議も起ころう」ときっぱり述べている点です。こうしたことは、別のところでもしょっちゅう言っています。ここからもわかるように、仏教はあくまで個人の内面の問題であって、加藤個人は深く仏教を信じているし、できれば社員にも仏教の教えに耳を傾けてもらいたいという気持をもっていたのは事実ですが（『実践・歎異抄入門』）、仏教を会社の発展のために利用しようとか、従業員にそれを強制しようという気は加藤にはまったくなかったようです。しかし、本人がそう言っても、あれほどの熱心な仏教信奉者であれば、仏教強制があり、会社内に不満の声があったのではなかろうかということが気になるのですが、実際はどうだったのでしょうか。

このことに関連して思い出しますのは、私が学生時代の一九五四（昭和二十九）年に滋賀県の繊維会社で発生した労働争議です。これは、前近代的な労務管理に反対して起こった大規模争議で、ストライキが百日以上も続き、大きな社会問題になったのでしたが、その争議発生の原因のひとつに会社側による仏教の強制があり、宗教界でも随分話題になりました。それは、会社側が仏教によって社内から過激思想を排除しようとしたからだったといわれていました。戦前〜戦争直後にはそういうことはままあったようでした。それだけに、この争議に加藤がどう反応したのか興味のあるところですが、これに関連して、この年に協和発酵の社内報に加藤が一文を載せていますので紹介しておきましょう。加藤は最初に、滋賀県で発生した争議から、宗教に対する誤解がひろまることを懸念して自分の宗教観を載せる旨を記したうえで、次のように綴っています。

私は、あくまで個人の問題だと思っている。私は、仏教によって教えられたことが非常に多かったし、現在とても、日に日に教えられている。私にとって、仏教は最上の教えである。しかしそれだからといって、私は、それをひとに強制しようなどとはさらさら思わない。強制の無効であるばかりでなく、却って相手をハンパツさすだけのことであることは、私も、自分自身の経験でよく知っているからである。十年前の私は、宗教に対して全く無関心、いや、それどころか大いに反抗的であった。そんな時に、いくら他から、宗教をすすめられても、とても耳に入るものではない。言われれば言われるほど、反抗したくなり、ケイベツしたくなるものだ。私自身そうだったので、そのへんの呼吸はよくわかる。私が、自分の方から仏教を聞こうという気になったのは、自分の知識の浅薄なことに気づいた時、言いかえるとキョウマンに気づいてからのことである。そして、聞きはじめてみると、これはこれはと、驚くことばかりで、とうとう、いわば、とりこになってしまったわけである。もっとも、とりこといっても自分自身では、心の重荷がたとえ一枚ずつにせよ、軽くなって行く思いはあるが。

私は、また宗教を、事業に利用しようなどとは、つゆほども思わない。利用されているような宗教があったら、ニセモノと思ってよろしい。宗教は、個人の頭の中に革命を起こさすものであるが、事業の繁栄や、世界の平和に直接の関係はない。若し、あるとしたら、それは各個人個人の、ものの考え方の転換からくる間接的、或いは相互的な影響からくるのであろう。私は、率直に言うが、協和醗酵が栄えますようにとか、ここにはストライキがおこりませんようにとかと仏に祈っているのではない。もともと、仏教には祈りというものがないのである。祈りたいというような、その不足感を、みな自分自身の責任だと内省するのが、仏教である。会社の成績が上がらないのも、ひととの和合ができないのも、ことごとくこれ、自分に責任ありと深く反省する、それが仏教に教えられてあることなのだ。

（「所感　私の宗教観」『協和』第二五号）

宗教はあくまで個人の心の覚醒であって、これを他人に強制したり、会社の営利のために利用してはならないという信念を加藤がもっていたことはここからも十分に読み取れます。それだけに、それを行っていた滋賀県の会社の態度に我慢がならず、このような文章を載せたのでしょう。

ただ、この一文も、仏教強制を行った会社側に対する反対の争議が勃発したので、それが自社にまで波及するのを警戒し、先手をうって社内報に急遽載せたのではなかろうかと考える人もあろうかと思います。また、加藤ははたして「私の経営理念」に掲げているようなな立派な考えを、会社内でその後長く実践できたのであろうかと訝る人も少なくないでしょう。そこで、次に経営者としての加藤の実践活動をみてみましょう。

2　実践活動

「逃げたことは一度もない」

加藤は、すでにみてきましたように、「条件さえそろえば、いつだって労働争議も起ころう」し、また、もし争議が起きたとしても、「私は、静かな気持で、受けていくだろう」と、労働組合との対決姿勢をあまり強くもってはいないような発言をしばしばしています。これは、学生時代、河上肇の「貧乏物語」に感動し、以後、河上の著書に熱中して、社会主義思想にも関心をもった経験もあるといいますから（『私の履歴書』）、労働運動にもかなり理解をもっていたことによるのかもしれません。しかし、一方、憎悪をむき出しにして相手を非難するマルキストの運動のあり方に対しては厳しく批判します。次の発言もその一例です。

彼（マルクス）は資本を労働との関係において、大きくは社会との関係において見、またはその関係を歴史的推移のなかに把握しようとしたのはたしかに時代を画するにたる卓見であったとおもわれる。

仏教的に見ても、この二点はうなずける。なぜならば、仏教はいつでも、ものを「関係」において見、またなにごとも変化してやまないと観ずるからである。しかし、だからといって、ぼくはマルキシズムを手ばなしで礼賛するわけにはいかない。ことに近年、政治運動のひつようからかなり固定概念化されたそれにたいしてはものいいをつけたくなる。そのだいいちは、経済理論には本来憎悪はないはずであるのに、実際運動にはそれが柱となっているかのようにおもわれる点、だいにには、社会の歴史的進展をこの理論の信条としながら、眼前の変化に眼をふさいでいるかのように見える点である。

仏教徒としては、いかなる人間関係においても憎悪を肯定する前に、そのよって来る因縁を洞察しなければならない。また概念は固定とともに死ぬことをしらなければならない。

（「寸評」『いのち尊し』続）

また、次のようにも言っています。

ぼくは、人間に、むさぼり、いかり、にくしみの心がのこっているかぎり、闘争も戦争もいつでも起こる可能性があるとおもう。仏教徒にとっては、この人間の心が問題なのである。資本主義だ、社会主義だとやかましくいっているけれども、そのようなことは絶えず変わっていく。世界のいたるところに古城なるものが淋しくとりのこされているのを見ればおもいなかばに過ぎよう。

労資の間にややもすれば「敵」という言葉が使用されている。これも、憎しみの心がさせるのだ。しかし、仏教徒にとっては、その憎しみの心そのものが敵なのである。それも、ひとのがではなく、自分自身のが。

（「敵」『いのち尊し』続）

これらの言葉からだけでも、加藤は労使が敵対することを、念仏の精神に反する行為として非常に嫌っていたと思われます。しかし、だからといって、けっして組合とのつき合いを回避していたのではありません。それどころか、本人は「労働組合の諸君と協議する生活もすでに四十年に近い。いまだかつて逃げたことはいちどもない。いつも全責任をおびて先頭に立っている。逃避と見えるのは念仏の心境をしらないからであろう」（「我執」『いのち尊し』続）と言っています。

労働組合と「経営協議会」

では、現場で具体的に労使でどのような交渉を行っていたのでしょうか。詳しいことは知りませんが、協和発酵独自の制度として経営協議会というものがあったようですので、それについてだけ述べておきましょう。これは加藤の提唱でつくられたと聞いていますが、これにつき、加藤は次のように説明しています。

私の会社には創立以来続けている経営協議会というものがある。これは労使双方から十名ずつメンバーを出し合って、ディスカッションしながら給与体系や労働条件を決めるシステムだ。

年に二回開催するが、それ以外にも給与委員会とか福祉委員会というものも常時開いている。もし国鉄の運賃が上がったりすれば、すぐに給与委員会を開いて旅費規定を改定したりする。

いってみれば、これも私の信ずる親鸞聖人の思想の企業経営への反映である。仏教思想からいえば、本来、人間は平等である。したがって、会社のあらゆる決定事項はみんなフランクに話し合い、納得した上で進めていこうというのが、私の考えである。

このような、労使同数のメンバーを出し合ってディスカッションしながら給与体系や労働条件を決めるような制度が他の会社にもあるのかどうか私は知りませんが、協和発酵の場合、これが加藤の仏教精神に沿ったものであることは確かです。

この経営協議会の発足は、協和産業時代の昭和二十三年六月だったのですが、翌年、新会社になり、あらためて労働協約を締結しました。これに関しては、『それからそれへ――協和発酵五〇年の軌跡とその礎』に詳しく記載されていますので、そのまま引用させていただきましょう。

新会社となった昭和二四年八月に締結した労働協約は一一八か条に及び、前文に「会社と組合は日本経済の基礎たる産業と公共的意義と使命に鑑み、経営権と労働権を相互に尊重し、お互いの自主性を尊重して次のとおり労働協約を締結する」とうたい、総則（団体交渉）・組合活動・人事・職場規律・就業時間・休日休暇・賃金・退職手当・安全衛生・災害補償・福利厚生・争議行為等とともに経営協議会についても以下のように規定している。

経営協議会に関する規定は一〇か条からなり、「会社および組合は双方同等の立場において左の事項に関して検討協議し承認取決めをなす機関として経営協議会を設ける」として付議事項を次のように定めている。

1、この協約の運用を円滑にし紛議の予防または調整を図るための本協約の解釈と違反に関する事項
2、会社運営方針
3、予算および決算
4、生産、技術の向上のための生産技術の検討協議事項
5、賃上げその他一切の労働諸条件に関する紛議の解決
6、本協約の改廃に関する事項
7、その他必要な事項

経営協議会を「中央経営協議会」と「工場経営協議会」に分け、中央経営協議会で双方が承認した決定事項は本協約と同じ効力をもつことを規定し、それぞれの経営協議会の運営については別に定めるとしている。

協和産業時代から継承されてきた労使関係と労働協約の精神・制度を踏まえて、昭和二四年一一月一一日、本社において第一回中央経営協議会を開催、当社の労使関係の新しい第一歩を踏み出した。

このようにして発足した経営協議会の運営に、その後も加藤は強い関心をもっていたようです。たとえば、一九六六（昭和四一）年に経済問題視察でヨーロッパを回ったとき、各国の労働組合幹部とも会って、いろいろ質問しているのですが、その際、ドイツ総同盟本部で聞いた話として、ドイツには、労働組合と経営者側とが協議するしくみについて、はっきりとした法律があり、どの会社にも経営協議会が設けられていて、「その運営が、うまくいっているとみえまして、ストライキはほとんどありません。昨年中はドイツ全土でわずか一件しかなかったのです。その前年も十二件しかありません。日本も、このようにありたいものだと、わたくしはおもいました」（「廻心」『いのち尊し』続）と報告しています。経営協議会において労使が十分な意見交換し、ドイツのようにストライキも起こらない会社運営をしたいという思いが強かったことがここからも読み取れます。その加藤の気持が従業員にも通じたのか、この会社では一度もストライキは起こっていません。このことにつきダイヤモンド社々長の寺沢末次郎は、『光を仰いで』の末尾の解説文で次のように書いています。

仏教の真理を、身をもって修めようとしている人だけに、経営の面にもその人格が現れてくる。……（中略）二十四、五年ごろまでは、日本の企業は、どこも共産運動で悩んだ。協和発酵もその一つであった。二十五年には、マッカーサー司令部からのさしがねとはいえ、レッド・パージを行わざるをえなかった。しかし、この会社は、終戦以来二十年間、一回もストライキをやっていない。会社の成績も、この長い期間には、いいときもあったし、悪いときもあった。

しかも、この二十年間に、十社に近い会社を合併している。こうした複雑化した従業員構成であるにもかかわらず、組合は上部団体にも加盟せず、企業内組合として健全な成長をとげている。

組合結成の最初から、年二回開催される経営協議会には、加藤社長が議長として出席し、大きな効果をあげている。

加藤社長は、友情が厚く、人の面倒をよくみる。そしてウソをいわない人であるから、組合に対しても、ガラス張りで臨んでいる。人を信頼し、人に信頼される人なのである。加藤社長に対する組合員の信頼がストライキのない会社になっているのだと思われる。

（「仏道に立つ誠実の経営者」『光を仰いで』解説）

仏教信者で誠実な加藤の人柄が、社長と組合員との一体化をもたらし、それが会社の経営に好結果をもたらしたとみていいでしょう。経営者と組合員とがそれほどに親密であったとは信じがたいと思われる人が多いでしょう。しかし、これは事実だと思います。と申しますのは、一九七七（昭和五二）年、加藤を東京から招いて在家仏教協会防府支部が結成され、私も世話人のひとりとして参加したのですが、その際に中心になって会を取り仕切ったのは、中川雄作という、協和発酵労働組合の最初の委員長で、この人が加藤の人柄を心から尊敬している光景を目の当たりにして驚いたことを記憶しているからです。珍しいことだなあと感じたのでしたが、いま思えば、両者は経営協議会でしょっちゅうディスカッションした仲でしょうから、親しかったのは当然かもしれません。その元委員長も、もともと仏教には無関心だったのに、加藤の感化で仏教に親しんでいったとのことでした。強制しなくてもついてくる魅力を加藤は漂わせていたのでしょう。

仏教を会社経営に利用しようとして、これを社員に強制した滋賀県の会社では大争議が発生し、逆に仏教利用を厳しく誡めた会社では、労使関係が円滑にいったとは、なんとも皮肉なことですが、両者の違いは、経営者が仏教を本当に自分の背骨《バックボーン》として身につけていたかどうかによるのではないかと思われます。

Ⅵ　仏教学習

1　先達

「さきなる人はあとなる人を導き……」

仏教を軽視または蔑視する知識人が多い現代社会にあって、科学者として、経営者として輝かしい業績をのこした加藤が、四十代中期から急速に仏教に傾倒し、以後、深く自ら信奉するだけでなく、その功徳を広く人々に知らしめるために、八十四歳で世を去る直前まで、心血を注いで執筆、講読、講演活動を行った事実は、特筆すべきことと私は思います。このたび、それについて三回にわたって講義をさせていただきましたのは、みなさんにこんな人物がいたことを知っていただき、もし興味が湧いたら、今後、加藤の仏教思想についてみなさんの手で研究していただきたいと切に思うからです。そして、今回私がしゃべったのは、ほんの入り口に過ぎませんので、それをさらに掘り下げ、加藤研究の輪を徐々にでもよいから広げていってもらえたらと願っているのです。つきましては、加藤がどのように仏教を学び、それを信仰としてどう深めていったかを参考までに少しばかり述べておきましょう。

加藤が仏教に帰依するまでには、四方合名会社の社長四方卯三郎、協和会の社長野口喜一郎、学僧の松原致遠、金子大栄ら何人もの先達との出会いがあったことはすでに述べたところですが、このことを加藤は終生感謝し、しばしば出会いの大切さを語っています。そして、次のような言い方もしています。

なにごともそうでありましょうが、特に宗教にはよい先達が必要でります。先なる人はあとなる人を導き、あとなる人はさきなる人に順う、いつでもこういう形で人びとは宗教の門にはいるのです。そして、あるところまでまいりますと、こんどは、「法」そのものが、あるいは「教」そのものが、さきなる人をも、あとなる人をももどもに窮極の点へみちびくもののようであります。「歎異抄」に「親鸞におきては、ただ念仏して弥陀にたすけられまいらすべしと、よきひとのおおせをかうむりて、信ずるほかに別の子細なきなり」の有名な句があることは、みなさまご承知のとおりです。親鸞聖人は、そういう心境で、よき先達法然上人の仰せのまま念仏を称えられたにちがいありません。ところが、さて「ただ」念仏を称えていらっしゃるうちに、自然に如来の本願の核心にふれられたようです。（中略）そして遂に、あの「自然法爾《じねんほうに》」の境地に到達なさったのだと思われます。

（「先達」『いのち尊し』続々々）

宗教は人から人へ伝わってこそ、自然科学では味わえない感応の妙味を得ることができるわけで、よい先達に恵まれることが大切であることは、昔からよくいわれているところですが、加藤も自分の体験を通して、それを強く実感したようで、このことをいたるところで強調しています。先達に感謝する仏教者は多くいますが、しかし、加藤ほどそれらを心から尊敬し、慕いつづけた人物も稀だったのではないでしょうか。それは、先にも述べた（五一頁以下）金子大栄に対する態度からも理解していただけるでしょう。加藤は、これら先達の人格にふれ、まず理屈抜きでその言葉に耳を傾け、行動しているうちに、やがて「法」、「教」に導かれて「信」が知らず知らずに深まっていく、自分もそうだったし、それが宗教に入る一番の近道なのだと言いたかったのでしょう。

「聞いて聞いて聞きつづける」

このことを加藤がわざわざ語っているのは、とかく知識人には、こういうかたちで人を介して入るよりも、著書、経典を読み、納得のうえでなくては宗教の世界に入りたくないという人物が多いからでしょう。

しかし、加藤はその道を選ばず、まず直接に先達の話を聞きまくるコースを歩んだのでした。それは次の文章からも明らかです

大衆の宗教は信のほかにはない。ところが、それがまたわからない。いったいなにを信ずるのか、どうしたら信ぜられるのか、その第一歩からしてわからないのが大衆というものであろう。

しかし、絶望はまだはやい。道はちゃんとあるんだから。ぼくは、大衆が信の道にはいって行く順路はつぎのようなものだとおもっている。

まず、出発は話を聞くことだ。ところが、それとても動機がなければどうにもならない。ある人は自分や家族の病気をなおしたいためにおもいたったかもしれない。ある人はしたしい人の死にあってはじめて発心するかもしれない。またある人は、先輩

や友人にさそわれて、なかば強制的に聞かされるかもしれない。どちらでもよろしい。要は、きっかけを得たら聞いて聞いて聞きつづけることだ。すると、いつの日にかはかならずじぶんがいったいなにものであるかに気づくであろう。ある人はじぶんをかげろうのごときものとおもうであろう。またある人はじぶんを真に無知なものとおもいいたるであろう。またある人は、じぶんを罪深き背徳者とさとるであろう。そのときである、かねて聞かされた教えに灯のともるのは。同時にじぶんの心にも灯がともる。

そして、その灯のともった心で、もう一度しずかにふりかえってみると、過去のできごとの一切が、ひとえにじぶんをこの道にいれるための用意であったとしかかんがえられなくなってくる。その用意はもとよりじぶんがしたものではない。他からなされたものである。いや、そうかんがえさせられること自体がすでに他からのはたらきかけではないか。無我とはこの境地をいうのであろう。あるいは他力の信といってもよい。

（「信」『いのち尊し』続）

知識人の多くは、信を書物や経典を読むことによって得るのを好むのですが、加藤はまず、先達からの法話聴聞を優先するのがベターとする、聞法重視の姿勢をとっていたのです。同様に、念仏においても、声に出して称えることに抵抗を感ずる知識人が多いのですが、加藤はその逆でした。その意味では、加藤は知識人でありながらも、多くの知識人と違って、伝統的聞法姿勢、一般同行の立場に近かったといえましょう。

2　驚異的な学習意欲

講読会、講演会活動

しかし、聞法を重視したからといって、読書による仏教学習を軽視したのではけっしてありません。それどころか、加藤は晩年にいたるまで実に多くの仏教書を読み、仏教学習に励んでいます。それも一人で書物を読むだけでなく、加藤が講師となって幾人もの人たちと経典を読む講読会を自宅のアパートと会社の双方で毎月一回行っていました。たとえば、次のような一文も見られます。

私、今年からご同行とともに、「浄土論註」を少しずつ読み始めました。「浄土論註」は、ご承知のとおり、天親菩薩の著「浄土論」を曇鸞大師の注釈なされたものです。注釈ですから、最初から原著の文章を一語ずつ追って解説してくださってもよさそうなものです。ところがなんと曇鸞さまは、まっさきに龍樹菩薩の「十住《じゅうじゅう》毘《び》婆《ば》沙《しゃ》論《ろん》」を持ち出していらっしゃるのです。たぶん、そうでないと、天親菩薩の「浄土論」をじゅうぶんに註釈するわけにいかないとおかんじになったからでございましょう。いわば、本論にはいる前の序説といったところです。こういうところを「文前玄義」というようです。かの香月院深励師の「浄土論註講義」にそのようにいってあります。この「文前玄義」ということばに接して、私は、どうしてもこの講義をはじめから読まなければならないと気づきました。

この講義は、香月院師が文化四年（一八〇四）同五年の二回にわたってなされたものだそうです。じつに懇切をきわめ、しかも分かり易い本です。私は、この書と、存覚上人の「六要鈔」と、金子大栄先生の「教行信証講読」等を案内書として「浄土論註」をぼつぼつ読んでみようと思い立ったしだいです。

（「歓喜地不退」『一字の力』）

六世紀の昔に中国で著された曇鸞の「浄土論註」を講読する勉強会を始め、「浄土論註」

だけでなくそれに関連して存覚や香月院らの書物も案内書として合わせて読むというのだから、随分と遠大な計画のようですが、この一文を加藤が書いたのは、なんと八十一歳のときですから驚きます。いな、それ以上にもっともっと驚くことがあります。それは、これらを学習の案内書として読んだだけでなく、それらを講ずるための詳細な講義ノートを作成していたことです。

実は、先般、私は初期の『在家仏教』を読みたくて在家仏教協会（渋谷区上原）を訪れました。その際、書架の隅に大学ノートが数十冊置いてあるので、その一冊の表紙を見ましたら、なんと「浄土論註講義　香月院深励」と書かれてあるではありませんか。早速、ページをめくってみますと、最初に「一九八〇年八月一〇日、清心分会に於いて、ここから話す」とあり、それに続いて、香月院の「浄土論註講義」から学んだことを抜き出し、それに自分の考えを加えた文章がビッシリと書き込まれており、しかもそれが十三冊もあるのだから、驚きました。講義のために周到な準備をしていたようです。

また、その書架には「歎異抄と現代」の講義ノートもありましたが、それには最初に「挨拶・この私のものの見方を根底から改めさせた。内を見る眼を開かれた。十二回話す。その第一回は概説を述べ、最終回はまとめの感想を述べ、たっぷり質疑・応答したい」と

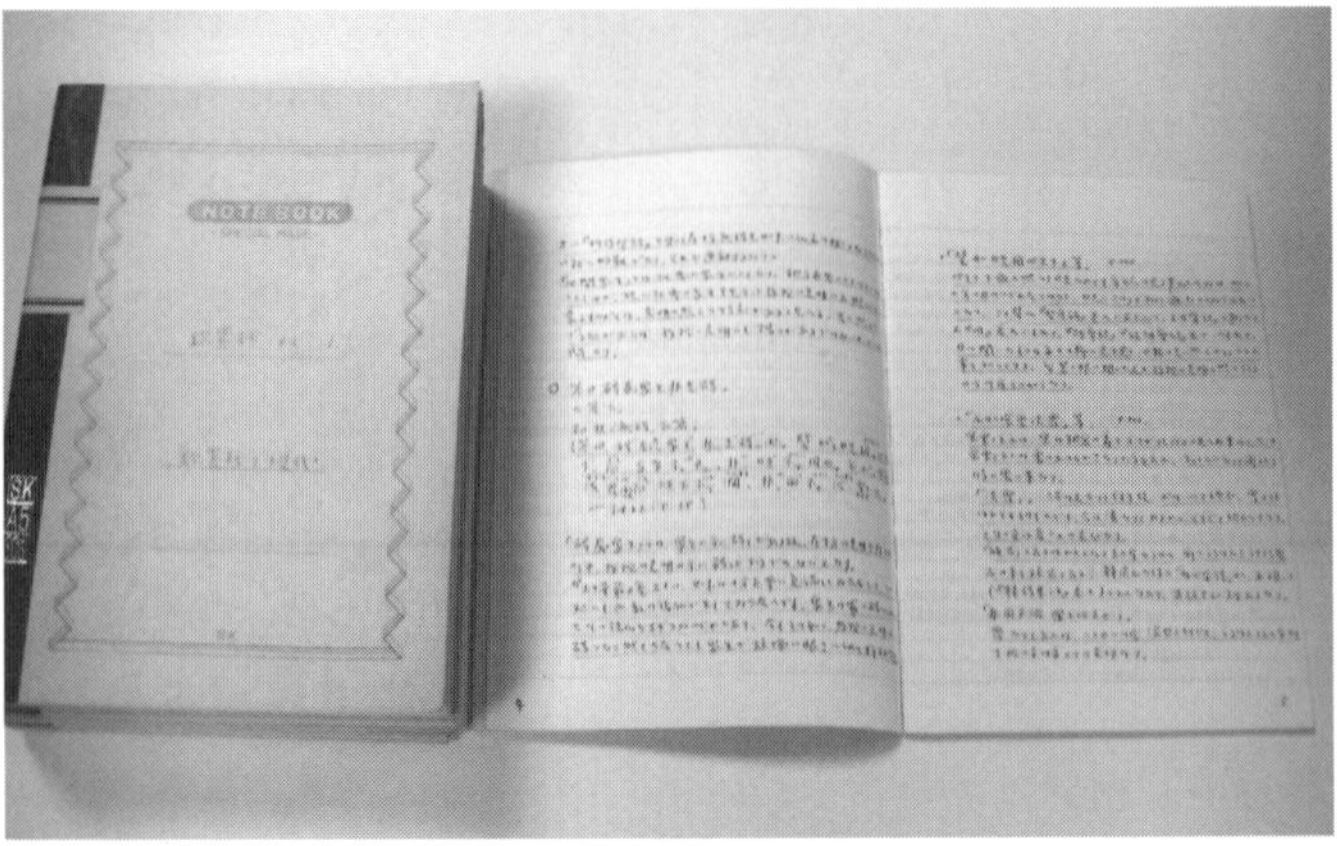

「歎異抄」の講義ノート。細かい文字でびっしりうめられている。

大量の講義ノート。いかに周到に準備していたかがうかがわれる。
（在家仏教協会蔵、著者撮影）

あり、話すべき具体的内容や講義の進め方まで記されています。これだけの丁寧なノート作りは大変だったと思いますが、そのノートが十六冊もありますから、随分と勉強して講義に臨んでいたと思われます。これらのノートには、加藤の誠実な人柄が染みついているような気がして、私は深い感動を覚えたことでした。

「浄土論」の講読会がいつまで続いたのかわかりませんが、加藤の没後に刊行された『阿弥陀経を読む』に、「浄土論」を終えて「和讃」に移ったことが記されていますので、数年間でこれを読み終え、新たにまた別の講読会を始めたようです。なお、この一文には、その講読会の有様についても書かれており、晩年の加藤の活動状況や周囲の雰囲気がうかがえますので、その一部を掲げておきましょう。

住まいと会社のほうとで、毎月一回、つごう二回、私が講師をつとめて法座を開いております。

どちらも私が開いたというわけではなく、私の話をききたいとおっしゃってくださる方があってはじめたもので、どなたでもご自由に、無料ですので気が向いたらいらっしゃいというかたちですが、多少の新陳代謝はあるものの常連の方が多くみえます。みなさん大変に熱心です。

しかし、これは私にとっては大変ありがたい機会で、他の講演依頼などもふくめて、いやでもいろいろ勉強しなくてはなりません。それが実にありがたいというか、楽しいのです。

会社のほうでは「教行信証」の言葉、アパートのほうでは「浄土論」を終わりまして「和讃」をやっております。「教行信証」のほうは一生かかっても終わるものではありません。終わらないことは百も承知ですけれど、どの一句でも、どの法話でも、素晴らしい教えでありますから、それを一語ずつテーマにしてやっておるわけです。

毎週六十人ぐらい、何のご案内をしなくても、みなさん集まってくださいます。アパートのほうは大体四十人くらいで、男女ほぼ半々、大学生から八十歳くらいまでの方まで年齢の幅はひろいです。

会社のほうの法話をはじめたのは、私の話を聴いたり、書いたものを読んでくださった人の中に一人、ひじょうに熱心な浄土真宗の信者さんがおられて、その人が再三、私に手紙をくださったのがキッカケでした。

先生のお話を聞きたいという者が何人かいるので、何とか一つ考えてくれませんか、というわけです。
（中略）毎月のことなので、話すことの準備が大変ではないかとよく聞かれますが、会社のほうは『在家仏教』に毎号「教行信証」の言葉について書いておりますので、それをふまえていろいろな話を交えて、わかりやすくお話するだけです。雑誌に書くときには勉強がいりますが、話のほうはそう骨は折れません。
大体、書くと、どうしてもむずかしくなりがちですが、同じことでも私の感想などを交えてお話しますと、やわらかくなりますので、喜んで聞いていただいております。かなり質問も出ます。みなさんは耳も肥えていますし、勉強もしていらっしゃいますから、わりあいに専門的な高度な質問をなさる方が多いです。もちろん初歩の方もいらっしゃいますが、いずれにせよ、なごやかなよい会です。

（「二つの法座」『阿弥陀経を読む』）

「あとがき」からみて、この文章が書かれたのは、亡くなる一年ばかり前のことと思われますが、そのころになお二つの仏教勉強会をもち、その講師を勤め、準備の勉強に励んでいたとは、この一事からだけでも、加藤の仏教に寄せる情熱がいかに強烈であったかが理解できましょう。

その勉強会もみな、加藤から働きかけたのではなく、周囲の人びとがみんなで立ち上げたようですが、加藤の情熱と人柄にひかれる人が数多くいたことと思われます。

八十歳を超えてからの著述活動

しかし、こうした講読会、講演会活動以上に驚きますのは、加藤は八十歳を超えてから、従来にもまして旺盛な執筆活動をしたことです。

たとえば、八十二歳のとき、「末燈鈔」現代語訳および註解の出版を思い立ち、それに自身の解説文「『末燈鈔』に学ぶ」を加えた『親鸞聖人に学ぶ　末燈鈔』という書物を刊行していますが、その序文に次のように書いています。

私は、「末燈鈔」の現代語訳並びに註解と共に、私の話の要旨を出版することにいたしました。「末燈鈔」だけの註解書は案外世に少ないように思ったからです。

私は、かねてから、「末燈鈔」は、「歎異抄」と共に、もっともっと広く読まるべきであると思っていました。「末燈鈔」には、何といっても親鸞聖人ご自身のお書きになった法語と書簡とが集められているからです。それ故、「歎異抄」を拝読する場合に、「末燈鈔」は、なくてはならない参考書となるのです。

「歎異抄」ばかりではありません。親鸞聖人の他のすべての御著書を拝読する場合、私は、先ず「末燈鈔」をよく勉強しておくべきであるとさえ思うのです。手紙というものは、いつの場合でも、自分の思っていることを相手によくわかるように書かれるものだからです。じっさい、「末燈鈔」を拝読いたしますと、どの章もひじょうに親切に、しかも率直に、聖人の信じたもう要点が書かれています。それ故、あたかも私自身に直接教えていただいているような気がします。

いささかの老いも感じられない文章で、それだけでも感心いたします。専門の学者ではなく、一般知識人で親鸞を論ずる人も少なくはありませんが、しかし、その現代語訳や註解、さらに解説文まで刊行したということは聞いたこともありません。仏教研究の情熱が年を重ねるごとにますます燃えさかっていったようにさえ感じられます。

ところで、さらに驚きますのは、加藤はこの「末燈鈔」の出版をおえたあと、引き続き「唯信鈔文意」の刊行を企画し、着手したことです。その理由について、現代語訳を担当した二橋進が、『親鸞に学ぶ仏教の極意　唯信鈔文意』の「あとがき」で次のように記しています。

「末燈鈔」の出版が一段落したころ、加藤先生は、親鸞聖人の著述が、さらに多くの人びとの眼にふれるようにと願われ、この「唯信鈔」および「唯信鈔文意」を併せたものの出版を考えたのです。「唯信鈔」および「唯信鈔文意」には、浄土教の真髄は、念仏往生であると、はっきり示してあります。浄土教を知るためには、「歎異抄」や「末燈鈔」に関連し、いや両書よりさらに先に読むべきものが、本書であろうと思うのです。そこで、この春から、私は原文の現代語訳をはじめました。それを加藤先生が眼を通され、ご指導くださいました。ところが加藤先生は初夏に入ったころから体調をくずされ、七月中旬には入院しなくてはならないように病状が悪化しました。そして八月十五日には、往生の本懐をとげられました。そのために、本書の解説をいただくことができなくなりました。まことに残念なしだいです。

ここからだけでも、加藤が最後の最後まで人びとに仏教の真髄を知って欲しいという気持をもち続け、そのためにあらゆる努力をしていたことがわかります。また、この書物が加藤の最後の著書だったこともここからわかります。

「一如平等」

ところで、この文章には、加藤の死により、加藤から「本書の解説をいただくことができなく」なったと記されています。しかし、本書には最後に「解説にかえて」と題する加藤の記した十数頁の文章が掲載されています。これは、病気のため解説が書けなくなったので、それにかえて手短に書いたものにちがいありません。そうすると、これは、死の直前まで仏教を学び続けていた加藤が、仏教について書いた最後の文章だったということになりますが、そこではどんなことを書いているのでしょうか。少しだけ抜粋して掲げましょう。

本当に成仏する、仏と一身になるのは、やはり息が切れたときです。つまり煩悩がすっかり滅んだときです。そこには、非常に深い道理があります。これを私は信じているわけです。ですから、死んでしまって何も残らないのではなくて、死が即ち如来の世界に入ることであります。覚りの世界に入る、要するに平等の世界に入ることであります。そしてそこで仏と等しくなるのです。

それはなぜかというと、自分のいただいた命がどこから来たかということを考えてみればわかります。私のいただいた命をずっとさかのぼってみると、どうしても如の世界、平等の世界、一如平等の世界にまで至ります。そこは不可称、不可説、不可思議の世界になるのです。いくら遺伝子を勉強して、遺伝子の構造がこうだといってみても、その元、その元はといって順次追求して見ると、その元がわからないのです。しかし現に遺伝子のはたらきがあります。そのはたらきの根源は、一如平等の世界です。アミーバーも、ミミズも魚も人間も、ありとあらゆる生とし生けるものが、みな同じように如の世界から出ているのです。命の根源を考えた場合、どう説明し、どう考えるのか、それは不可思議な世界からとしかいいようがありません。そのとどのつまりを仏教では、真如、あるいは如と教えているのです。

ここには、生命の根源をさかのぼって追求していくと、すべては「不可思議な世界」＝「如の世界」から発しているとしかいいようがないという、生命科学者としての確信が感じられますが、処女出版『いのち尊し』を著したとき以来の、「生命の根源にかえる、これを死という」（七七頁）という考え方もその確信に支えられていたのでしょう。それを再確認するかのように、最後に次のように綴っています。

仏の身体は、私たちのような物質でできているのではないのです。徳の集合なのです。ですから、「十力」というような不思議な十種の力があるのです。この力がまた不思議で、哲学者がいくら考えてもわかりません。しかし力があるというのは疑う余地がありません。その力のある世界がつまり真如の世界で、差別のないところです。そこから千差万別のものは、みな現れてくるのです。山も川も木も草も土も、いっさいの生きとし生けるものが現れているわけです。

私たちが死ぬというのは、そこへ帰るということです。順次生に仏となる。そこで浄土に往生して覚りを開かせていただくのです。これが浄土門です。

仏教に帰依して以来、その思想は死に至るまで、いささかもブレることがなかったことはこの文章から明らかです。

病院での加藤は、苦しみながらも念仏を繰り返し口ずさんでいたそうですが（加藤俊二「父、辨三郎との思い出」『在家仏教』一九九九年八月号）、いつも言っていた「生きてよし、死んでよし」の境地だったことでしょう。

訓詁研究

ところで、加藤の晩年の仏教研究でいまひとつ特記しておきたいことがあります。それは、経典をただ読んで勉強するだけでなく、語句の意味を詳細に調べ、独自の解釈をしていたことです。たとえば、『教行信証のことば』の執筆は七十三歳を越えてからはじめ、十一年五か月にわたって『在家仏教』に掲載し、それをのちに一冊の本として刊行したのでしたが、そこには経典の字句を自分で調べ上げ、それに基づいた加藤独自の解釈がほどこされている部分がいくつも見られます。一例をあげましょう。

加藤は、親鸞が大無量寿経の「群萠を拯ひ、恵むに真実の……」の言葉を教行信証にしばしば引用していることから、「群萠」の正確な意味を探り、その結果として次のように書いています。

親鸞は、この「群萌」と「拯ひ」ということばが、よほど好きであったとみえ、「教行信証」の中にしばしば出てくる。それで私は辞書を引いてみた。それで知ったのだが、「群」は俗字で、本来は「羣」が正しいのだ。だから「教行信証」にはすべて羣と書かれている。羣とは、もともと、君に従属している羊のむれを意味したのではあるまいか。萌は氓（もう）または甿（もう）に通ずるとある。おろかないなかものの意である。親鸞が「群萌」を好まれたのは、もちろんそれが大無量寿経に用いてあるからであろうが、同時にそれが社会のもっとも下層にある人びとを意味していたからにちがいない。如来の前では、人を支配する者も人に支配される者も同列であるが、親鸞にとっては、特に支配されるグループに同感されたと思われる。今日のことばでいえば、庶民の宗教であってこそ、はじめて自分も救われるのだ、と信じたのである。

「群萌」について、これまで「一切衆生のこと。雑草が群がり生えているさまに喩えていう」（『浄土真宗聖典』）と、漠然と説明されているだけでしたが、それを、それぞれの文字の字義からより厳密に検討し、「社会のもっとも下層にある人びと」を意味する言葉と判じ、そうした人びとの宗教であってこそ、自分も救われると親鸞は考えたのだと主張したのでした。興味ある手法といえましょう。これ以外にも、字義の検討から、「教行信証」に独自の解釈をしている箇所がいくつもありますが、その是非について、この道の専門の研究者のご意見を聞いてみたいものです。その当否は別として、いずれにしろ、財界に身を置きながら、最晩年まで以上のようなかたちで仏教研究を続けたことに、ただただ驚くばかりです。

月

加藤辨三郎

月みれば、ちぢにものこそ悲しけれ　わが身ひとつの秋にはあらねど

この歌を朗詠して、現代の青年男女はどれほどの共感をおぼえるだろうか。聞いてみたいものだ。いや、聞くまでもない。アポロ8号以来、明治生まれの私でさえ、この歌にはさすがに千年のへだたりを感ずるようになった。

アポロ8号といえば、こんどくらい科学と技術の正確さを人びとに認識させたことはあるまい。また、これほど世界中の人びとを共に憂え同じく喜ばせたこともない。同時に、これほど多くの人びとに、地上の生活を反省させられたこともないと思われる。

しかし、アポロ8号のニュースの中で、私がいちばんうれしく思ったのは、三人が旅行中聖書を読んでくれたことだ。じつのところ、私は彼らが聖書を携行するだろうと、出発前から想像していた。それが的中したのと、もうひとつは、そこに科学と宗教のうるわしい共存を見たからである。宇宙時代ともなれば、宗教は無用だと考える人が多いであろう。その人たちは、科学を知って宗教を知らないか、それともそのどちらも知らないかにちがいない。ところが、三人の飛行士は、科学と宗教とをともによく心得ていたのである。

私は、この三人が死を恐れて聖書を読んだとは思わない。また、旅の安全を祈ってそうしたとも思わない。かりにそうであったとしても、それは彼らの恥でもなければ宗教の幼稚さを示すものでもない。そうすることこそ、人間の純情というものだ。

しかし、私は彼らがそのように、苦しいときの神だのみ式に聖書を読んだとは思わない。ただ一冊で、彼らのこころを十分に満足させてくれる本は聖書をおいて他になかったにちがいないのだ。仏教徒である私にも、それはよくわかる。

ところで私は、キリスト教であれ仏教であれ、科学が進歩すればするほど純化され、いよいよ人間のこころの奥深くはいって行くにちがいないと思う。人間のこころを救うものは、科学ではなく宗教であることが、ますますはっきりするはずだからである。

なるほどもはや、月宮殿の天女の舞いなどを夢みることはできなくなった。灰色のさばくとあっては、なんともつやけしだからである。しかし、人のこころにかかる真如の月は、宇宙時代にこそいっそうさえわたるであろう。

（『そらごと・たわごと』）

おわりに

「現代の妙好人」

三回にわたって加藤について論じてきました。加藤の著書の中から必要と思われる部分だけを適当に抜き出し、それにごくわずかの関連文献や幾人かの協和発酵関係者からの聞き取りなどを参考にしながら私なりの説明を加えただけでして、はたしてこれで加藤の真の姿をどれだけ伝えることができたのか、はなはだ心許ない次第です。

本来なら、加藤批判の文献も紹介すべきだと思います。プラス・マイナス両面から照射しなくては、正確な人物像を描けないので、それを探ろうと思って、少しは当たってもみたのでしたが、そうしたたぐいの資料を得ることはできませんでした。しかし、厳しい競争社会を生きた人物ゆえ、なかには加藤に対して批判的な言を発する財界人もいたことでしょう。もしそれを記した文献があれば、これからでもその内容を調べ、より正確な加藤像を得たいと思っています。

ただ、たとえどんな批判があったにしろ、加藤の仏教観やそれに基づく生き方には、現代人が見習うべき点が多々あったのは間違いないと私は信じています。それをみなさんに少しでも理解していただきたくて、ながなが話してました。本来なら、もっと加藤の近くにいた人びとから直接、その人柄、行動、生活状況などを詳しく聞き、そのあとで講義をすべきだったのですが、今となっては、生前の加藤と親しかった生存者はごく少数で、それらの人びとからの聞き取り調査ができなかったのが残念です。

そこで、それを補うために、『唯信鈔文意』の口語訳や加藤著書の「あとがき」などを書き、加藤と非常に近しい間柄だった元在家仏教協会理事の二橋進（故人）が『薔薇は薔薇――協和発酵三十五年史』に載せた「静かな奔流」を全文引用させていただきましょう。

蓮花は、泥中を抜き出て清浄な花を開き、光に影は映え、馥郁とした香りを放ちます。仏教では、真実信心の道を歩んだ人を、白蓮華の花にたとえて、妙好人と尊敬しています。それは穢れの満ちた現世にありながら、穢れに染まらず、念仏生活によって人生を生き抜くからです。知る人の多くは、加藤辨三郎前会長を、現代の妙好人とたたえ尊敬しています。

加藤前会長は、常日ごろ「ただ念仏」と言われていました。それは単なる有りがたい念仏ではありません。この念仏によって、自身が、貪《どん》（むさぼり）、瞋《しん》（いかり）・痴《ち》（おろかさ）の三毒に、いかに冒《おか》されているかを知らされ、あるいは、ものの命をいただいて糧とする人間の業を強く教えられ、懺悔し、ただただ念仏を称えられたのです。そして、闇いよいよ暗く、光いよいよ明るくして、価値観の転成を見、また柔和忍辱の心が生まれ、より広い世界へとすすまれたのです。

大河の水面は、ゆったりと流れています。しかしながら、その底には、事物の変化に応じながら、つねに奔流をかたちづくっています。加藤前会長の念仏者としての境地は、絶えることのない静かな奔流でした。それは三十五周年を迎えた協和発酵工業の歩みを見られたら納得いただけると思います。「職場即道場」「生活即修行」の場に立ちながら、力《りき》むことなく経営をされました。そこに今日の発展を見ることができます。

「青き色には青い光・黄なる色には黄なる光・赤き色には赤き光・白き色には白き

光あり」、これは阿弥陀経のなかで、浄土を表現している一句です。加藤前会長の好きな言葉の一つでした。この自然さを、私達には容易に捉えられません。しかし素直な心でもってこのような風景を画いたときには、いま加藤前会長のいられる浄土を、智慧として肌に感じてくるのです。そこにこそ永遠の生命の流れも知られるのではありませんか。

加藤仏教にもっとも通じていた人だけに、その真髄を見事に表現していると思います。加藤は仏教の教えは説いていても、それで自分がどう変わったかはあまり言いませんでした。言うのはいつも、「自分は下品下生のどうしようもない人間だ、だから『ただ念仏』だ」ということだけでした。しかし、右の文章には、念仏によって加藤がどう変わったかが記されています。すなわち、念仏によって、いかに「むさぼり」・「いかり」・「おろかさ」の三毒に冒され、業の深い人間であるかを教えられ、懺悔し、ただただ念仏を称え続けているうちに、価値観が転じ、柔和忍辱の心が生まれ、より広大で、力むこともない、静かな奔流の世界へと進んでいったということが記されています。加藤の念仏生活の有様をだれよりも熟知していた二橋の言葉ですから、重く受けとめてよいでしょう。若い時分、念仏は「化学の研究には、邪魔にこそなれ、なんのたしにもなるものではない」（『いのち尊し』）とまで思っていた人間が、こんなにも変わるとは、だれが想像しえたことでしょう。

「わからぬはわからぬでよし」

さて、そろそろ講義を終える時間が近づいてきましたが、終える前に少しだけ補足をさせていただきます。

最初に申しましたように、この講義で加藤を取りあげましたひとつの理由に、加藤を通して仏教を学ぶことを勧めたいということがありました。それは、すでにお気づきと思いますが、加藤は仏教について叙述する場合、多くのその道の学者とちがって、難解な仏教用語はあまり使わないし、説明も論理的になされることが多いので、加藤の著書は、仏教の初歩の初歩を学ぼうとする人には入門書として有益と考えたからです。

しかし、加藤の書物を実際に読んでみようという人には、念のために一言申し添えておきたいことがあります。たしかに加藤の仏教に関する著書には、従来の仏教書に比べて、説得力のある記述が多く、それに著者の誠実さも感じられ、強い魅力を感ずるのは私だけではないと思っています。ただし、読み進むうちに、時折、もう少し説明が欲しいのにと強く感じるのも事実です。一般の仏教入門書ならそれほどでもないのに、加藤の書物に限ってそれを感じるのはなぜでしょうか。

思うにそれは、加藤の本は、たしかに多くの部分は論旨明快で、これを読み終えれば、それだけで仏教がある程度理解できるぞという気分になってくるのですが、肝心な部分が、「ただ念仏」で片付けられていて、その説明がなされていないことがしばしばあるからでしょう。他の入門書に比べてより期待感をもって読むだけに、説明不足の部分があると、それが気になるのかもしれません。これは、私だけが特に感ずることかなと思っていたのですが、実は、私と同じような思いをしていた人が他にもあったことを最近知りました。その人は、名前はご存知の人も多いと思いますが、金光寿郎NHK元チーフディレクターです。「宗教の時間」を担当したことから、加藤の講話を聞くことも多かったようで、加藤の没後、「静かな一喝」と題して、加藤との思い出を綴った一文を『在家仏教』に載せています。その中で、加藤の講話に対して、私と同じような不満を感じ、それを直接加藤にぶつけたことを記しています。

加藤さんの講話会では、話の一齣一齣はよく解るのですが、その全体で伝えようとする信心については二度、三度聞いても私には理解できそうにもありません。その上毎回の話の終わりに必ず「いろいろなことを話しましたが、最後はお念仏一つでいいんですよ」という言葉があることで、一層歯痒さを感じさせられるのでした。講話会に出席して五、六回目に私は、加藤さんの話にある何かをもう少し引き出したいという思いから、「いつも最後にお念仏一つでよいのだと言われますが、もう少し現代人向けに、現代の言葉で、私たちに理解できるように話して頂けませんか」と質問とも注文ともつかない発言をしました。

それに対するお答えを聞いていますと、いつものように淡々とした話振りの言葉の中に、「私も若い頃、今の質問と同じようなことを考えていましたが、考えてみると、まことに驕慢至極な思い上がりでして……」という言葉があるではありませんか。この言葉が私の仏教理解、宗教理解のスタートになったように思います。

仏さまの教えも人間である自分の枠に入るのが当然で、自分の枠の大きさに合わないのは話し手が悪いと思っているのは驕慢以外の何物でもないと指摘された言葉でした。静かな調子でありながら、その意味するところに気がついてみると、お話の調子は静かなものでありながらまことに強烈な一喝でした。

自分の枠を取り払ってしまったところで仏さまの教えを聞き、仏さまの世界を見せて頂く、これが出発点であり終着点でもあったことに気づかされたように思います。

（「静かな一喝」『在家仏教』一九九九年八月号）

この一文から、金子は加藤の話に強く心をひかれ、他の仏教者以上に多大の期待をしているがゆえに、それが「ただ念仏」で終わってしまうことにもどかしさをおぼえ、加藤から何かをもう少し引き出したい、加藤ならそれが可能という思いを強くもっていたことがうかがわれますが、私にも金光の気持はよくわかります。それだけに、加藤の返事が気になるところですが、加藤はその質問を「驕慢至極な思い上がり……」と突き放します。一方、突き放された方は、それを聞いて怒ると思いきや、逆にこれを「静かな一喝」と受け止め、「この言葉が私の仏教理解、宗教理解のスタートになった」というから、両者とも見事です。私だったら、いっそうイライラを募らせたかもしれませんが、金光は、加藤の一言から仏教理解の極意を得たようですから、両者の対論はまるで立派な禅問答だったような気がします。

そして、私もこの「静かな一喝」を読んで、大いに反省させられました。考えてみると、私が加藤に求めていたことは、偉大な音楽家に対し、楽譜ひとつ読めない私が「あなたの曲の良さを理解できるよう、もっと詳しく説明してほしい」と言うようなものかもしれません。それこそ「驕慢至極」で、音楽家は「もっと聴きなさい」としか返答の仕方がないでしょう。詳しい説明を聞くよりもまず、わかるわからぬに関係なく、直接、曲を聴くことの方が大切なのでしょう。

金光は、宗教歌人岸上たえの、

分からぬは分からぬでよし
まるまるのお慈悲の中にありとおもえば

の歌を加藤がときどき引用していたことも紹介しています。加藤としては、自分もわからぬままに良き人の講話を聴き、仏教書を読んでいるうちに、その教えに「ほのかに」感応するようになってきた、信仰とはそんなもので、そこが自然科学と違うところだということが言いたかったのでしょう。

科学と信仰

そこで、この加藤の気持を代弁するかのように、自然科学と信仰の違いを強調している一科学者の文章を紹介しておきましょう。この科学者とは、先に（一一二頁）金子大栄との対談者として紹介した、電子顕微鏡研究や微生物学研究の権威東昇です。東と加藤は、ともに優れた生命科学者であり、また、金子大栄に心酔した熱心な念仏者で、多くの仏教書を著したことでも共通していますが、また、自然科学と信仰の関係についての考え方も共通していたように思われます。

わたくしは親鸞聖人を宗祖とする仏教を信仰する科学者のはしくれですが、お前はほんとうに仏教を信じているのか、といわれたりして、科学者が信仰をもっていることは奇異にさえおもえるようです。つまり宗教を信仰するものは科学者として徹底することはむずかしいのではないかというかんがえかたがあるのです。

もともと信仰というものは多分に個性的要素をもっていますから、信仰にたいする態度は、各人各様とみるべきですが、すくなくともわたしにとって無宗教ではとうてい堪えられないことです。わたくしにおいての人間形成は多分に親鸞聖人の教えに負うところがあるのです。

わたくしの理解するところでは、信仰は人間の生き方の問題です。生と死、自己中心、罪の意識、あるいは善悪といったことを問題とします。

科学者は日々に科学的真理の探究に専念するものですが、科学者といえども、人間であるから、さまざまの人間性についての問題を抱え込んでいないわけではない。ところが、こうした問題は自然科学の対象の外にあり、自然科学の踏み込めない対象です。科学はけっして万能ではなく、限界があります。

（中略）自然科学の世界と信仰の世界とはまったく別世界であり、依って立つ立場、次元をまったく異にしているのです。

（東昇「科学と信仰」『在家仏教』一九七一年三月号）

東昇　1974年8月6日 書斎にて
生命科学者として輝かしい業績をあげると同時に、念仏者として仏教の普及にも大きく貢献した。（藤井雅子氏提供）

自然科学と信仰では次元が異なり、科学的思考法で信仰を理解することはできないことを説いているのですが、加藤が「わからぬはわからぬでよし」の歌を好んだのも、東と同じ視点に立っていたからでしょう。

すでに述べましたように、加藤は、仏教が原理的に科学と矛盾するものでないことを強調しています。そのため、加藤仏教書の読者は、科学的論理だけで信仰も理解できると思いがちですが、信仰は人間の生き方の問題で、「多分に個性的要素を」もっており、「各人各様」で、客観性を重んじる科学の次元で説明できる問題ではないないというのが東の主張であり、加藤も同様だったと思われます。

加藤が、感応ということをしきりに強調していたことはすでに述べましたが（一〇三頁以下）、それも、信仰は科学的思考だけでは説明しきれないことを実感していたからでしょう。

その点では、信仰は科学よりも芸術の次元に近いといえましょう。加藤は、「わかったようでわからないというわかりかたこそ、すばらしいわかりかたで……」（「忍《にん》」『いのち尊し』続）という、妙な言い方もしていますが、これなど、科学の次元で通用する言葉ではありません。しかし、芸術の世界ならば通用する表現でしょう。たとえば、草野心平の「冬眠」と題する詩は黒丸一文字だけですが、これこそ私には、「わかったようでわからないようなわかりかた……」という表現がピッタリのような気がします。

話が変な方向にそれてしまいそうですが、要するに、科学的な考え方だけでは、信仰の世界には近づけないと、科学者である加藤も考えていた、だから加藤の本を読むときもそのことを頭に入れて読んでいただきたいと私は言いたいのです。

「仏教信仰とはそんなに難しいのか」と思う人もありましょうが、ここでも芸術と同じ次元で考えたらどうでしょう。芸術は難しいと思う人もあれば、易しいと思う人もありましょうが、宗教もその点では同じでしょう。芸術は、少なくとも私にとっては非常に難しく、近づきがたく思われます。なぜか、理由ははっきりしています。それは、私が芸術に対して若いころからすこぶる卑下慢だからです。「どうせ芸術なんてオレにはわからない」と、ハナから決めてかかっていたのですから、芸術の世界は私から遠のいていくばかりです。加藤が卑下慢、増上慢の二つの驕慢のある限り仏教の世界に入れないことを強調していたことは何度も述べましたが、芸術も同じだなと私には思えてなりません。

芸術の壁が高いのではなく、自分の方で芸術に対して卑下慢の壁をつくっているのでしょう。仏教も同様で、「仏教になじめないのも、仏教の壁が高いからではなく、驕慢を捨てきれないから高く見えるだけなのだ」と加藤は言いたかったのではないでしょうか。

そろそろ時間も迫ってきましたので、このへんで閉じさせていただきます。舌足らずで、わかりにくい部分も多々あったかとも思いますが、この講義を通して、加藤への関心を少しでも高めていただければ、幸いです。

引用文献一覧（雑誌、新聞、社内報は除く）

加藤辨三郎「私と仏教」（『現代しんらん講座』4、弥生書房、一九六四年）
加藤辨三郎『いのち尊し』（コマ文庫、一九六六年）
加藤辨三郎『光を仰いで――醗酵にかけた夢と希望』（ダイヤモンド社、一九六六年）
加藤辨三郎『いのち尊し』続（コマ文庫、一九六七年）
加藤辨三郎『仏教と実業』（コマ文庫、一九六八年）
加藤辨三郎『仏教と私』（コマ文庫、一九六九年）
加藤辨三郎『いのち尊し』続々（コマ文庫、一九七一年）
加藤辨三郎『いのち尊し』続々々（コマ文庫、一九七五年）
加藤辨三郎『日日新たに』（コマ文庫、一九八〇年）
加藤辨三郎『私の履歴書』（日本経済新聞社、一九八〇年）
加藤辨三郎『親鸞聖人に学ぶ　末燈鈔』（日本放送出版協会、一九八二年）
加藤辨三郎『一字の力』（コマ文庫、一九八三年）

加藤辨三郎『親鸞聖人に学ぶ仏教の極意　唯信鈔文意』（ＰＨＰ、一九八三年）
加藤辨三郎『実践・歎異鈔』（ごま書房、一九八三年）
加藤辨三郎『阿弥陀経を読む』（佼成出版社、一九八四年）
加藤辨三郎『教行信証の言葉』（コマ文庫、一九八五年）
加藤辨三郎著作集刊行会『いのち尊し――加藤辨三郎著作集』（協和発酵工業株式会社、一九九九年）
高柳　武『仏教を読む』（かんき出版、一九八六年）
加藤智見『親鸞の教え』（春秋出版社、二〇一〇年）
半頭大雅編『禅――森本省念の世界』（春秋社、一九八四年）
弘利真誓『よき人に導かれて』（同朋舎、一九八六年）
金子大栄『人・仏』（『金子大栄著作集第十三巻』、コマ文庫、一九六六年）
金子大栄『真宗の話』（全人社、一九五〇年）
金子大栄『光輪抄』（在家仏教協会、一九七七年）
末木文美士『哲学の現場――日本で考えるということ』（トランスビュー、二〇一二年）
末木文美士『現代仏教論』（新潮新書、二〇一二年）
東　昇『心――ゆたかに生きる』（法藏館、一九八〇年）

岩田文昭他『近代化の中の伝統宗教と精神運動――基準点としての近角常観研究――』（『平成二十年度～平成二十三年度科学研究費補助金研究報告書』、二〇一二年）

協和発酵三十五年史編集委員会『薔薇は薔薇――協和発酵三十五年史』（協和発酵工業株式会社、一九八四年）

協和発酵創立五十周年社史編纂委員会『それからそれへ――協和発酵五〇年の軌跡と新世紀への礎』（協和発酵工業株式会社）

石田慶和『歎異抄講話』（法藏館、二〇〇三年）

薗田　坦『親鸞　他力の宗教』（法藏館、二〇〇七年）

鈴木隆泰『仏典で実証する　葬式仏教正当論』（興山舎、二〇一三年）

大桑　斉『真宗と他者――なぜ人を殺してはいけないのか』（法藏館、二〇一〇年）

鍋島直樹編『死と愛――いのちへの深い理解を求めて』（『人間・科学・宗教』ＯＲＣ研究叢書4、法藏館、二〇〇七年）

児玉 識（こだま　しき）

1933年山口県に生まれる。1960年京都大学大学院修士課程文学研究科修了。下松高校、豊浦高校、宇部工業高専、水産大学校を経て、1998年より龍谷大学文学部教授、2002年同定年退職。文学博士。現在、山口県防府市富海円通寺住職。
著書に『近世真宗と地域社会』（法藏館、2005年）、『近世真宗の展開過程』（吉川弘文館、1976年）、『維新の先覚・月性の研究』（マツノ書店、1979年、共著）など。

加藤辨三郎と仏教
――科学と経営のバックボーン――

二〇一四年八月二〇日　初版第一刷発行

著　者　児玉　識
発行者　西村明高
発行所　株式会社　法藏館
京都市下京区正面通烏丸東入
郵便番号　六〇〇-八一五三
電話　〇七五-三四三-〇〇三〇（編集）
〇七五-三四三-五六五六（営業）

装幀者　井上二三夫
印刷・製本　亜細亜印刷株式会社

ISBN 978-4-8318-5541-1 C0015